LA CROATIE

LA CROATIE
GRANDS VOYAGEURS

texte Pierre Josse et Bernard Pouchèle photographies Jean-Denis Joubert

ÉDITIONS DU CHÊNE

8 / **INTRODUCTION**

14 / **ZAGREB**

30 / **L'ISTRIE**

46 / **LE GOLFE DU KVARNER**

66 / **LE NORD DE LA DALMATIE**

104 / **LE SUD DE LA DALMATIE**

148 / **LA SLAVONIE**

AUTRICHE
ITALIE
SLOVÉNIE
Varaždin
ZAGREB
Karlovac
Sisak
Novigrad
Opatija
Parc national Risnjak
Rijeka
Poreč
Pazin
ISTRIE
Rovinj
Labin
Krk
Krk
Senj
Cres
Baška
Otočac
Pula
Rab
Parc national Plitvicka Jezera
Cres
Rab
Parc national Velebit
Lošinj
Pag
Mali Lošinj
Pag
Starigrad
Ugljan
Zadar
DALMATIE
Knin
Dugi Otok
Pasman
Parc national Krka
ITALIE
MER
Kornat
Šibenik
Sinj
ADRIATIQUE
Trogir
Split
Šolta
Hvar
Hvar
Vis
0
20
100 km

HONGRIE
ROUMANIE
Bjelovar
Virovitica
Parc national Kopački Rit
S L A V O N I E
Osijek
Našice
Požega
Đakovo
Vukovar
Ilok
Slavonski Brod
SERBIE-ET-MONTÉNÉGRO
BOSNIE-HERZÉGOVINE
Makarska
Korčula
K o r č u l a
L a s t o v o
M l j e t
Dubrovnik
Cavtat

Surprenante Croatie. Surprenant pays, à la fois par sa situation dans l'espace, sa météorologie qui définit ses géographies, son histoire qui est toute dans ses géographies, tant physique qu'humaine, et par la qualité de son entêtement patriote séculaire.

Ce pays en forme de croissant étiré est l'ultime marche de l'escalier qui descend de l'Occident et amène Rome et Venise et Vienne et Paris. Il est aussi la première marche de l'escalier qui mène à l'Orient, aux mystères des Égypte et aux couleurs de Constantinople. Il est une extrémité occidentale par sa pensée et une autre orientale par ses couleurs. Le Croate est d'ailleurs occidental par sa façon de dire et oriental par sa façon d'être.

Ici plus qu'ailleurs, les plaques tectoniques de l'histoire de l'humanité se touchent et se froissent, se sont même parfois fracassées. C'est la raison pour laquelle ici commencent les grandes complications et les grandes incompréhensions de l'histoire. Quel étudiant n'a pas planché sur la question des Balkans ou sur celle d'Orient ? Eh bien, c'est ici qu'elles ont commencé ou fini par être posées ; et, depuis 1990, sont peut-être réglées.

La Croatie marque aussi la limite, la frontière entre l'Église orthodoxe d'Orient et l'Église catholique romaine d'Occident. Rempart méditerranéen entre l'Église des papes et celle des popes. Et cela depuis le premier millénaire, depuis le schisme entre Église d'Occident et Église d'Orient. C'est en Croatie que Rome et Byzance provoquèrent l'histoire en réunissant à Split un concile en 1060, qui eut la néfaste idée d'interdire la messe en slavon. Le conflit fut violent entre les « latins » et les « orientaux ». Les latins l'emportèrent. Les Croates étaient définitivement catholiques et la frontière, mentale, avec les autres définitivement aussi tracée.

Pays surprenant ensuite par sa météorologie. En effet, la Croatie présente des différences de climat aussi marquées que celles d'un pays comme la France, alors qu'elle est dix fois moins grande (56 530 km^2). Deux climats s'entrechoquent et se marient : un climat continental dans les terres et méditerranéen sur les côtes.

D'un côté, naît des montagnes la bora, un vent fort qui perce, qui traverse la peau et le pays avant de s'éteindre dans les hautes vagues qu'il provoque là-bas sur l'Adriatique. De l'autre côté, né de la Bosnie et du sud, souffle l'été un vent d'orage, le jugo, une puissante haleine d'Orient que les arbres des îles et les bateaux des rades saluent en dansant. À l'intérieur, dans le Velebit, des temps et des tempêtes de neige, dignes du Grand Nord, ensevelissent parfois les bergers, tandis que, sur la côte, l'hiver est doux et l'été, le soleil prend ses vacances : il fait 35 °C sur les îles qu'il préfère.

Pays surprenant encore par ses géographies physique et humaine. Il offre des paysages marins et terriens splendides, paradisiaques. Et nous, auteurs de ce texte, sommes à peu près certains que si le paradis terrestre n'a pas été placé ici par les mythologies et par les bibles c'est parce que les dieux créateurs, Yahvé et les dieux d'Égypte étaient des dieux des fleuves. Bien sûr la Kupa et la Drave ne pouvaient pas lutter avec le Tigre et l'Euphrate, ni la Save avec le Nil. La Save ne représente pas assez d'eau pour un déluge et l'Adriatique peut-être beaucoup trop. Dommage, l'Arche de Noé échouant sur l'île de Brač, ses occupants s'éparpillant entre les halliers raides, les cyprès, les vignes et les oliviers, cela aurait eu plus de gueule que sur l'inaccessible mont Ararat. On aurait eu une Bible non pas tirée des sables mais de la mer, des îles et des collines. On aurait eu en paradis l'Adriatique, la mer la plus bleue, la plus verte, la plus claire et même le soir, au large de Dubrovnik, la plus troublante qui soit, et les Hébreux auraient troqué la brème pleine d'arêtes de l'Euphrate pour la daurade dalmate et le rouget istrien frémissants dans le ragoût du Brudet, cette bouillabaisse qui chante en croate.

La Croatie est aussi un paradis terrestre par les cascades d'argent de Plitvice descendant les lacs, les Plitvička Jezera, une eau de lumière au pouvoir de gorgone pétrifiant les plantes et la branche arrachée.

Paradis terrestre toujours que l'île de Mljet dans son cadre de collines où tous les verts se dégradent dans un prisme finissant dans celui des bleus de la mer. Et, au

centre de ces hauteurs d'émeraude, un lac de saphir. Ou encore l'île de Pag, paradis minéral, quoique terrestre lui aussi, bien qu'il ressemble à un coin de lune tombé dans la mer. Paysage de métal doux, couleur vieil argent, fer-blanc, bronze passé et minerai d'or. Désert de pierres juste sorti du chaos initial. Des airs de pierre de la première création. Beauté. Silence.

Il y a bien d'autres paradis encore, entre les mille rivières, les mille collines et les mille deux cents îles et îlots. Mais il faudrait mille ans pour tout admirer et, comme beaucoup de ces merveilles sont cachées, un œil de milan pour tout voir.

Le pays est surprenant encore par l'équilibre humain fondé sur la résistance à toutes les invasions. Avec ses ports et ses bourgs de bord de mer, petites Venise aussi belles que le modèle, qui tournent parfois curieusement leur dos d'ocre et de lumière au bleu profond de la mer. Est-ce une impression ? Peur de l'envahisseur ? Mais pourquoi le Zagreb d'en bas monte-t-il ? Mais pour voir venir. Pour voir venir de loin depuis les flèches néo-gothiques de la cathédrale qui vaccinent le ciel, pour voir venir ce qui est toujours venu : les autres.

Et la géographie est déjà dans l'histoire. Si Krk, au contraire de bien d'autres îles croates, est magnifiquement peuplée de maisons aux façades et aux voûtes magiques, c'est parce qu'elle est à un doigt de la côte continentale et à deux doigts de ses propres montagnes. À des époques où il fallait fuir ou résister, cette géographie rassurait par l'alternative possible.

Vukovar, la slavonne, aussi belle il y a quelques décennies, aussi baroque que Varaždin, toute de douceur bleue danubienne, est entièrement marquée par l'histoire, celle de la fureur des hommes. Alors, il ne reste que des ruines. Mais déjà on a reconstruit l'église, le lycée et quelques palais baroques. Et toute l'histoire est encore là dans la géographie des ruines.

L'histoire est toujours dans la géographie quand on voit les îles Kornati, ce magnifique Connemara disloqué et désertique. Pas un seul homme, mais ici et là, une chapelle.

Surprenante encore la Croatie par son histoire. Et par la mémoire conservée de l'histoire. Ces Croates qui ne sont arrivés qu'au VIIIe siècle, non seulement n'ont pas détruit mais ils ont sauvegardé les richesses de leurs prédécesseurs. Ils ont gardé ce qu'ils ont trouvé de Rome et de Byzance, la basilique byzantine et l'amphithéâtre romain. Ils ont laissé tout dans tout. Leur histoire n'est en résumé que leur lutte contre les envahisseurs et les empires dominants de tout poil. Mais, de ces invasions, ils ont su garder l'essentiel. De Venise, ils ont conservé les architectures, les verres et les cristaux. À vingt kilomètres de Split, persistent encore comme des arômes ottomans entretenus, Split où, à une portée de canonnière, Soliman le Magnifique a perdu, paraît-il, une babouche et peut-être la guerre. Des tournures de Vienne et de la Hongrie demeurent dans Zagreb, des bustes de Napoléon existent, paraît-il, encore en Istrie. Ici, le passé est si près du présent. La Croatie sait assimiler. Elle a même assimilé ses envahisseurs successifs, et tous les apports, de Rome à la Yougoslavie.

Et puis, une nation toujours conquise, jamais conquérante, cherche son identité dans la religion et dans le profond de sa terre. C'est le cas de la Pologne et celui de l'Irlande. Depuis le premier prince croate à Nin jusqu'à l'étau titiste, la Croatie a presque toujours été sous la botte. Botte élégante et italienne de la Sérénissime, botte hongroise qui la trahissait en peuplant de Serbes et de Valaques, fugitifs de l'empire turc des alentours, des châteaux forts croates, et pour finir, botte serbe de Tito le Croate qui n'a jamais pensé que Zagreb valait au moins une messe et l'égalité avec Belgrade.

La Croatie mérite d'être enfin une nation, mieux même, une nation dans l'Europe des nations. L'Europe économique n'en serait pas plus riche mais celle des cultures et des paysages en serait plus belle.

ICE
Segafredo

ZAGREB ET SES ENVIRONS

Porte d'entrée de la Croatie, à deux heures d'avion de Paris. D'emblée, on plonge dans une riche histoire qui vous accompagnera tout le long du voyage. On ne connaît personne qui n'ait succombé aux charmes de la ville haute. Aux environs, de délicieuses villes baroques comme Varaždin feront également tout pour vous retenir.

ZAGREB

Moins connue que d'autres capitales d'Europe centrale, à l'habit moins travaillé que d'autres métropoles, et trop discrète pour allumer l'émotion, Zagreb peut, à vue de nez trop court, n'être que la grande plate-forme du dispatching des voyageurs vers les autres Croatie, vers les littoraux magiques et colorés ou vers les îles paradisiaques. Certes, Zagreb ne possède pas la beauté de Prague ou le luxe de Vienne, ni leur atmosphère de décadence brillante. Elle ne témoigne pas, comme Vienne, de contradictions fortes Freud-Anschluss. Elle s'est débarrassée des vapeurs kafkaïennes de Prague. Elle porte, certes encore, sous-jacent, un sentiment national innervé dans un catholicisme identitaire. Et Zagreb est jeune. Sa jeunesse est créative, vivante, colorée, curieuse, heureuse de s'être décrochée du fédéralisme yougoslave, et qui, oh ! paradoxe, ne pense qu'à raccrocher le train fédéral de la grande Europe.

Zagreb n'est ni une grande belle, ni une petite jolie. Ce n'est ni une déesse, ni une starlette. Elle est mieux que ça. Elle a du charme. C'est une cité féminine. Elle ne provoque pas de désir violent comme l'excitante et toujours nue petite Raguse. L'humilité de Zagreb, cette grande amoureuse, fait qu'elle se laisse aimer, en se laissant déshabiller, lentement, en ne découvrant qu'un à un ses trésors sous des dessous intéressants. Les dessous d'une histoire. Et, comme toute histoire, elle commence par « il était une fois ».

Il était une fois deux collines : Gradec et Kaptol. Sur Kaptol (la colline du Chapitre), en ces temps, on érige un évêché et, dans la foulée, une cathédrale. Sur une colline jumelle, séparée de la première par un vallon où coule une rivière, se développe un bourg médiéval et civil (on n'ose dire laïque) au plan carré et aux maisons de bois : Gradec. La spirituelle et la temporelle.

Arrivent les Tartares qui ravagent Kaptol et font de la cathédrale une écurie. Sourire ironique de Gradec déjà fortifiée et qui résiste. Du coup, Bela IV, roi de Hongrie et de Croatie, s'y réfugie. Sain et sauf, il accorde à Gradec le statut de ville royale. Échaudée et jalouse, Kaptol se fortifie à son tour. Et voilà nos deux entités face à face qui se regardent en chiens de faïence. D'un côté, la catholique et de l'autre, la laïque. La calotte et la gueuse. On se querelle pour tout et

Double page précédente
La Tkalčićeva : entre Kaptol (la ville des évêques) et Gradec (la ville haute) courait jadis un ruisseau, frontière naturelle entre les deux villes. Le ruisseau se transforma en rue et, au fil des siècles, d'adorables maisons basses vinrent s'y blottir. Puis tout se figea dans le temps. Aujourd'hui, chaque demeure est devenu soit un café avec terrasse soit une boutique de mode. Délicieuse impression de se promener dans une rue villageoise de charme et... branchée. Territoire des jeunes et des étudiants, l'atmosphère est chaude et l'animation garantie.

Page de droite
Vue sur la vieille ville et la forêt de toits de tuiles rouges et de clochers. Entre Kaptol et Gradec, il faut emprunter les stube*, étroites et vertigineuses ruelles-escaliers, pleines de mystère la nuit.*

Le marché de Dolac, le « ventre de Zagreb », l'un des hauts lieux colorés et animés de Kaptol. Amoncellement de légumes et de fruits rutilants, dans les fragances des herbes aromatiques et dans les cris de truculentes marchandes.

Très proche de ce marché, se situe la jolie église Sainte-Marie et son clocher à bulbe.
La rue Opatovina aux élégantes demeures baroques permet l'échappée du marché.

pour rien, pour un octroi mal partagé, pour la gestion d'un moulin sur la rivière frontière. Et on en vient aux mains, on persécute l'autre bord, on anathémise l'autre rive. On s'entre-saccage à coup de mercenaires. Bref, c'est Buda contre Pest, les Capulet contre les Montaigu. Et le conflit grimpe au niveau politique, l'un prend fait pour le Habsbourg, l'autre pour le Hongrois.
Mais voilà qu'un jour les Ottomans sont aux portes de la ville. Alors, presque aussitôt, les deux collines se font appeler Zagreb. Rien ne renforce plus l'amitié qu'un ennemi commun. On se serre les coudes et on bat le Turc à Sisak en 1593. Zagreb a gagné mais Zagreb est affaiblie. La Croatie est en éclats. L'Istrie et la Dalmatie sont aux doges et le Turc occupe la moitié du reste. Zagreb devient capitale sous la houlette des Habsbourg.
L'affaire s'arrange lentement malgré trente incendies, dix épidémies et cent coups de main contre le sultan. Puis l'impératrice d'Autriche veut germaniser la cité. Madame, croate on est, croate on parle. Zagreb en perd son statut de capitale.

Ci-dessus
Gradec, l'église Saint-Marc construite au XIIIe siècle. Son portail gothique est orné de belles sculptures, mais on admire particulièrement son toit aux tuiles vernissées et polychromes. Sur l'un des versants, figurent les blasons de Zagreb, sur l'autre, ceux de la Dalmatie et de la Slavonie.

À droite
L'ulica Radićeva, un des axes principaux de Gradec. On la rejoint de Kaptol par de pittoresques stube. *Elle est bordée de nombreuses et élégantes demeures de caractère qui cachent, derrière de hauts murs, bien des jardins secrets. En chemin, on remarquera la porte de Pierre, dernier vestige des anciennes portes de la ville.*

D'autant que les Hongrois veulent la faire parler hongrois. Mais Zagreb est la capitale culturelle de la Croatie et la culture représente le mouvement national illyrien. Elle perd de bon gré son latin et parle croate, rien que croate. En 1850, Gradec et Kaptol fusionnent et forment la ville haute (Gornji grad). On comble la rivière qui devient artère et qui fait vivre le cœur de la vieille ville.
Il reste de toute cette histoire le charme fou d'une cité, celui d'une ville qui remonte le temps doucement, par ses ruelles en escaliers, par son funiculaire qui fait rêver les gosses, jusqu'au flamboiement baroque qui a réinventé ici l'Italie. Et là, dans les venelles en pente, des façades étroites comme des livres rangés et des ruelles étroites comme des rubans.
Tout ce charme enveloppe des trésors. D'abord, la place du ban Josip Jelačić. Champ de foire du temps des grands troupeaux, espace piétonnier, agora immense qui est la voix de la ville. Et tous ces tramways comme des trains électriques de Noël d'enfant.

MALA KAVANA
MALA KAVANA
MALA KAVANA
HARMICA

eFHe
FOTO MATERIJAL
VARTEKS
Levi's
REPUBLIKA MOST
kerametal

Ensuite, l'église Sainte-Catherine. Érigée par un jésuite austère comme un janséniste, Contre-Réforme oblige. Sur la façade, quatre évangélistes semblent attendre un éditeur. Mais il y a l'intérieur, superbe. Un vaisseau unique et six chapelles latérales. Le plus lumineux des chefs-d'œuvre baroques croates.
Et puis, Saint-Marc avec ses tuiles vernies posées en blason et qui porte les armes de la triple couronne (croate, dalmate, slavonne) en plus de celles de la cité, et qui abrite les sculptures sublimes d'Ivan Meštrović. Sa propre mère ciselée en Vierge vous ravira.
Et puis encore, le palais Vojković-Oršić, superbe édifice baroque, agrémenté de fer forgé dans le mouvement et d'une étonnante porte cochère.
Zagreb, ville prenante, baroque, dans tous les sens du terme.

Double page précédente
La place du ban Jelačić véritable centre de la ville, à la jonction de la vieille ville et de la ville moderne. Il y règne une grande animation. Tous les trams partent de là. La statue équestre du ban Jelačić, qui vainquit les Hongrois en 1848, domine la place. Enlevée par le pouvoir titiste en 1947, elle fut remise en place en 1991. Changement notable, le héros ne menace plus de son sabre le nord, mais le sud.

Page de gauche
Le Théâtre national croate, édifié en 1895 par des architectes viennois, dans le style grandiloquent qui faisait fureur à l'époque en Europe centrale. Il fut construit en plein champ. Les premiers spectateurs se plaignaient d'avoir à mettre des bottes pour aller entendre Shakespeare…

Ci-dessus
La place Tomislav. Caractéristique du plan d'urbanisme du XIXe siècle, partie prenante de la Zrinjevac, elle offre une succession de larges places bordées d'immeubles de prestige. À droite, le pavillon des Arts, à gauche, la statue du roi Tomislav.

LE CIMETIÈRE MIROGOJ

Dans la tradition des grands cimetières européens de la deuxième moitié du XIXe siècle, comme le Père-Lachaise à Paris ou le Monumentale de Milan, ce cimetière très arboré est parcouru de longues galeries couvertes de style antique, jalonnées de tombeaux des familles aristocratiques et patriciennes. Luxueux et grandiloquents mausolées, aujourd'hui bien patinés, couverts de poussière, bronzes totalement oxydés ou dans un noble abandon. Atmosphère nostalgique, plus poétique et baroque que morbide, surtout les jours de grand soleil où une luminosité dorée vient nimber les colonnes et redonne de l'éclat aux personnages un peu passés. Sont enterrés là tous les héros de l'illyrisme, ce puissant mouvement de défense de la langue et de la culture croate, et de nombreux hommes politiques, notamment Stjepan Radić (tué en 1928 en plein parlement par un Serbe fanatique) ou Franjo Tuđman (le père de l'indépendance).

VARAŽDIN

Zagreb, un milion d'habitants, Varaždin dix mille. Rien de comparable, donc comparons. Zagreb a des mystères, Varaždin a des lumières. Zagreb est une solide, Varaždin est une esthète. Zagreb, c'est encore l'Europe occidentale, quand Varaždin est déjà l'Europe centrale : les bulbes au-dessus des toits en témoignent.
Tous les séparent et pourtant : Zagreb et Varaždin ont en commun le même sens de la culture et le même goût de la liberté. Entre autres, niché dans la verdure, le château, blanc, Renaissance construit au XVIe siècle par le grand dell'Allio, dont les tours sont coiffées de tuiles rouges. Le deuxième joyau est le collier en mille pierres de ses demeures patriciennes, de ses petits palais, de ses églises baroques qui entourent sa cathédrale également baroque.
Quand la lumière allume les façades, la ville éblouit par son romantisme et, à l'automne, on est dans un Turner.
Varaždin a gardé ainsi le raffinement de l'âge d'or de ses grands patriciens.

Au coin de certaines rues, abritées dans des niches, sur de romantiques et aristocratiques façades, de nombreuses statues de saints veillent sur la ville. Varaždin est la ville baroque par excellence. Elle donne une précieuse idée de ce qu'étaient le charme et la beauté de Vukovar avant la dernière guerre.

LONJSKO POLJE

C'est le marais et c'est très gai. Mille oiseaux font des trilles. Le vent râle dans les feuilles des chênaies. Le Lonjsko Polje, bordé au sud par la Save, est l'une des plus grandes surfaces inondables d'Europe. Ce débordement de cent rivières est intéressant à plusieurs titres : le site est peu couru ; l'architecture de bois de ses villages est étonnante ; cela donne une idée de ce à quoi ressemblait la moitié de l'Europe il y a dix siècles ; enfin, c'est l'étape favorite de plus de deux cents espèces d'oiseaux migrateurs : des aigrettes aux cormorans et des hérons cendrés aux aigles noirs, en passant par la reine du parc, la cigogne.
Une jolie route surplomble le marais et la Save, bordée de pittoresques villages fleuris aux maisons de bois, parfois pauvres, parfois richement travaillées avec sur chaque toit un couple de cigognes.

La région du Lonjsko Polje est le lieu d'une magnifique architecture rurale. En septembre-octobre, la traversée des villages s'effectue dans les efluves forts et parfumés de la prune qu'on distille, qui donnera la célèbre šljivovica. L'un de ces villages, Krapje, est bordé de jardins quasiment sauvages et de vénérables demeures de bois, parfois vieilles de deux siècles. Quant à Čigoč, ce village hors du temps, il détient le record d'Europe de nids de cigognes (plus de vingt-cinq, autant que de maisons).

L'ISTRIE

Péninsule triangulaire. Ici se sont arrêtées puis embrassées la culture des empires centraux et celle des Méditerranée. Venise, d'abord, y a laissé son empreinte la plus belle et à jamais, même si on trouve aussi de jolies traces romaines ou byzantines. L'Istrie, c'est la mer. L'Istrie, c'est aussi l'intérieur. Ce sont les reflets violets dans les verts des vignes sur des coteaux ensoleillés.

POREČ

S'il est un endroit au monde où le voyageur, même averti, peut s'autoriser un syndrome de Stendhal, un choc émotionnel face à la beauté, c'est bien l'Istrie, et plus spécifiquement Poreč.

Le voyageur verra Poreč et il admirera la plaine au loin, toute couverte de vignes et d'oliviers. Il verra aussi la vieille ville dans sa petite péninsule, Venise en miniature avec ses beaux toits de tuiles rouges et lilas, ses chalutiers et ses bateaux taxis rouges et blancs sur la mer bleue et transparente. Il essaiera les cafés, leur vin de pays et la bière, moins socialiste qu'auparavant. Il marchera sur les pavés de la Decumanus, ce trait qui coupe la ville, cette rue qui traverse l'histoire et remonte les maisons romanes et les demeures gothiques qui disent des Moyen Âge de chrétienté aisée et commerçante. Il verra la résidence des chanoines, étonnant bâtiment roman aux fenêtres géminées. Il admirera. Et sera accroché par l'atrium, ce monument qui a des airs mathématiques avec sa tour carrée. Géométrie de génie simple avec ses colonnes de marbre d'Istanbul. Il montera au campanile pour voir encore et de plus haut les lointains de la mer si claire et les verts des îles et des presqu'îles. Et toujours ces toits fascinants comme un tableau d'Utrillo. Et le ciel lapis-lazuli, toujours par-dessus les toits.

Alors, il découvrira la basilique euphrasienne. Sarcophage rectangulaire du temps, d'un temps bien important pour être si bien enterré là. Monument rare, monté sur les ruines de pierres d'un culte déjà existant. L'art achevé de Byzance sur ses brouillons. Car c'était Byzance, le ve siècle, dans les deux sens du terme, et c'est la Byzance pré-croate de l'évêque Euphrasius que cette basilique riche de ses trois absides.

Le visiteur aura l'impression d'être dans les décors d'un film, le *Salammbô* d'après Flaubert. De l'or et du soleil. Il sera à Byzance, en Orient, dans cet Orient d'avant l'invasion croate (leur seule invasion). Il entrera dans la basilique. Sensation rare. Et là, le choc stendhalien, face aux mosaïques. Il les contemplera une heure entière. Des couleurs, le brun monastique, la sanguine et le jais, et la sûreté du trait. Et tout cela clouté dans un fond d'or. Ajustement de génie. Synthèse des primitifs italiens, des naïfs et des fauves français. La culbute de l'art.

À Hum, il faut aller dans le cimetière admirer les fresques de l'église Saint-Jérôme. Réalisées au XIIe siècle, elles présentent encore de nettes influences byzantines. On dit de Hum que c'est l'une des plus petites jolies villes du monde (une vingtaine d'habitants). Vous ne manquerez pas d'admirer la belle porte de ville du XVIe siècle.

Ci-dessus
En haut, Motovun, ancien castrum romain. On y trouve le plus ancien lion de saint Marc.

Poreč a conservé le tracé de ses rues romaines, bordées de belles demeures dans les styles roman, gothique, Renaissance, baroque... À gauche, les ravissantes arcades d'un palais vénitien sur la ulica Decumanus. À droite, un détail du palais, avec le lion de saint Marc.

Mille ans avant les Italiens, et quinze siècles avant Rousseau et Matisse. Impressionnisme non pas aux petits pinceaux mais aux petits cailloux. Et les personnages vivront, personnage lui-même, le voyageur. Et il continuera à regarder les mosaïques, intensément. Icônes d'avant les icônes, tableaux d'avant les tableaux. Et il y aura un souffle de vent et il sera surpris que ce vent n'emporte pas le voile de la Vierge, voile de pierre, voile de tulle si aérien, si transparent. Et il verra Euphrasius portant la maquette de sa basilique et saint Maurus, premier évêque de Poreč. Le voyageur aura l'impression d'être entré dans le livre de ses onze ans, son livre d'histoire de la classe de cinquième. Il sera dans Byzance. Il sera dans Ravenne. Il quittera le livre d'histoire pour la réalité du jour, les personnages des mosaïques seront toujours un chef-d'œuvre de l'humanité, mais ils seront retournés dans le passé. Immobiles. S'il faut voir Venise et mourir, on peut voir sa maquette, Poreč, ses merveilles et survivre.

Ci-dessus et page de droite
Le joyau de Poreč est sa merveilleuse basilique euphrasienne du VIe siècle. Sur un même axe, disposition rare, on trouve le baptistère, l'atrium et la basilique. Outre les mosaïques, on peut aussi y admirer un remarquable polyptique de Vivarini et une Cène *de Palma le Jeune.*

Ci-dessus
Dans l'abside, les somptueuses mosaïques à fond d'or de la basilique, peut-être réalisées par les artistes qui travaillèrent à celles de Ravenne. Le deuxième personnage à gauche est saint Euphrasius lui-même, portant la maquette de l'édifice. Ci-contre, à gauche, l'un des décors de la basilique en nacre d'huître.

NOVIGRAD (CITTANOVA)

Comme Poreč, Novigrad se réfugia opportunément sur une presqu'île et s'entoura de remparts. La grand-rue continue d'offrir de vénérables demeures anciennes (entre autres le palais Rigo) et mène délicieusement au Veliki trg (la Grand-Place). Celle-ci concentre avec bonne humeur toute la vie citadine. Encore qu'un ultime effort vous mènerait à la pointe de la presqu'île, vers un joyeux bout de côte bordé d'agréables cafés et tavernes. Certes, pas de plage digne de ce nom, mais dans le coin, on songe plutôt à plonger dans la Šljivovica et la douce convivialité croate.

Page de droite
Le palais Rigo du XVIIIe siècle à Novigrad. Façade ornée de fines sculptures.

Double page suivante
Le charmant port de Rovinj. Il faut absolument se perdre dans ses ruelles étroites à la recherche de tous les lions ailés de saint Marc qui s'y cachent. Un vrai safari !

ROVINJ

Vue du ciel, la vieille ville ressemble à Naples en miniature. Avec le linge qui sèche entre les rues étroites, les *nonnas* qui s'interpellent d'une croisée à l'autre, et des campaniles qui ont des airs d'Italie. Vue de la mer, c'est un tableau, de gris, blancs, ocres et rouge grenat. Le ciel est presque bleu marine le soir, la mer parfois bleu ciel le matin. Et dans le port, les bateaux, tout neufs, tout blancs. Quand vient le chaud de l'été, les couleurs vibrent et c'est Cézanne, dans l'esprit.
Rovinj est une ville d'histoire. Comme presque toute l'Istrie, elle a connu Rome, Byzance et Venise, dont elle s'est mise sous la protection : elle a été le fournisseur officiel de la Sérénissime en pierres à bâtir. Hélas, vint l'Autriche qui installa un arsenal à Pula, déclara Trieste et Rijeka villes franches. Ce fut la fin de l'abondance de Rovinj. Ville de légende aussi, où les os de sa sainte patronne, sainte Euphémie, ont débarqué dans un sarcophage de pierre flottant.
Voilà ses façades qui disent les époques du haut Moyen Âge au baroque. Et voilà l'église Sainte-Euphémie. Et son campanile haut de plus de soixante mètres, copié sur celui de la cathédrale San Marco à Venise. À l'intérieur, près du magnifique autel en marbre, près des tableaux de Giovanni Cantarini, le sarcophage de la sainte, parvenu à bon port, enfin et définitivement.

RIVA
279
RV

PULA

Par bateau, on voit d'abord tout autour de la cité une végétation des sud, de l'olivier au cèdre, du chêne pédonculé au mimosa et à mille autres petites et grandes essences des Méditerranéens. Et la cité d'ocre et de toits couleur rubis, et la mer si bleue. Car Pula a avant tout et presque toujours tiré sa richesse de son site marin. Pula est une ville maritime. La colonia Pulia Pollentia Herculanea, la colonie maritime de Pula est fondée par les Romains pour le commerce maritime. Alors, la ville est moderne : aqueducs, eaux chaudes, eaux froides, bains publics, tout-à-l'égout. Murailles et portes monumentales. À l'époque, les Parisiens dorment encore dans les arbres. En 539, Byzance débarque et sans coup férir prend la ville, l'absorbe et en fait sa base principale maritime sur l'Adriatique. Pula regarde l'Italie et l'Italie regarde Pula. Face à face le plus jaloux sinon le plus rapproché qu'il n'y ait eu entre l'Empire d'Occident et l'Empire d'Orient. Mais au XIIIe siècle, il n'y a plus un marin. La peste. Tous envoyés au cimetière de Pula, dont Dante fera son Enfer dans la *Divine Comédie*. Puis voilà les Habsbourg et le nouvel âge d'or de Pula, qui devient la base maritime principale de la marine autrichienne et de l'Empire austro-hongrois !

Cette histoire a laissé de magnifiques traces, des vestiges sublimes. Par exemple, le temple d'Auguste, avec ses six hautes colonnes corinthiennes. Il est sur la place du forum, joyeusement encadré par les cafés qui servent les meilleurs vins d'Istrie et, quand même, d'Italie. Et puis, le splendide, l'Aréna, l'amphithéâtre. Il est là sur une hauteur dominant le port. Voilà Rome. Vaste ellipse de plus d'un hectare, sur trois étages : deux en voûtes romaines (on voit ici l'origine du style roman) et un dernier degré aux fenêtres rectangulaires. Le blanc et l'ocre des pierres érodées donnent une émotion de colossale fragilité de dentelle de géant. Les gradins sont presque tels qu'il y a deux millénaires. L'ensemble est si beau que les Vénitiens pensèrent le démonter pierre par pierre pour le remonter non loin du pont des Soupirs. Les soupirs du sénateur Omo, et son pouvoir surtout, firent que le projet fut abandonné. C'est Napoléon, à l'époque istrio-napoléonienne, qui le fit restaurer par le maréchal Marmont.

Flâner à Pula le nez au vent se révèle un enchantement. Des monuments romains subsistent à chaque angle de rue. Parfois on croise des pêcheurs réparant leurs filets. De nombreuses façades aux tons pastel, abondamment fleuries, égayent la ville.

8

Page de gauche
À gauche, l'une des remarquables têtes sculptées du Musée archéologique d'Istrie, puisée dans de riches collections allant de la préhistoire à la période romaine.
À droite, un saint Christophe sculpté du Musée d'art sacré de Vodnjan (sur la route de Poreč). On peut aussi y voir des momies de saints étonnamment bien conservées et de beaux reliquaires.

Ci-dessus
Les arènes de Pula. Parmi les plus impressionnantes du monde romain, elles furent construites sous Auguste, puis Vespasien. D'une capacité de vingt mille spectateurs, il s'y tint des combats de gladiateurs jusqu'en 404 après J.-C. Le flot lumineux du matin ou du soir pénétrant par les soixante-douze arches est un moment inoubliable.

OPATIJA

C'était un petit village qui serrait ses maisons de pêcheurs autour d'une abbaye bénédictine, un village pauvre et heureux. Mais la Société des chemins de fer du Sud ouvre une ligne : terminus Vienne et Budapest, et fait d'Opatija une station climatique à la mode. Il faut dire qu'ici règne un microclimat : le mont Učka coupe net la route de la bora.

On construit, dans le style néo-roman, néo-classique. On dessine des jardins. La croisette croate des Austro-Hongrois est née. S'y retrouvent les riches poitrinaires aisés de la Belle Époque, dans un monde à la Maurice Dekobra ou à la Paul Morand. Des madones des sleepings viennent aux bains de mer. Nostalgie d'une époque révolue. Mais Opatija en a gardé une façon d'être.

Aujourd'hui, les hôtels ont vieilli, les belles sont devenues arrière-grand-mères, mais la réputation de farniente thérapeutique de l'endroit perdure.

Ci-dessus
Animation vespérale des crépuscules istriens, atmosphère très italienne.

Page de droite
Opatija, l'ancien lieu de villégiature de l'aristocratie autrichienne du XIXe siècle, devenue aujourd'hui l'une des stations balnéaires les plus tendance. Réputée aussi pour la douceur de son climat.

LE GOLFE DU KVARNER

Le golfe du Kvarner, c'est la montagne qui protège la mer. Chaîne du Velebit au nord-est, Gorski Kotar au nord, et la masse de l'Učka à l'est. Ne devrait y entrer que le maestral, le vent du sud, mais parfois, rarement, la bora parvient à contourner les obstacles. Le climat est doux et la végétation luxuriante et variée. Le marronnier fréquente le citronnier et le kiwier (*actinidia*) en forêts.

RIJEKA

Plaque tournante du tourisme en Croatie, elle en retient peu, mais elle dispatche vers tous les joyaux des alentours. Rijeka est aussi le grand port du pays. C'est une ville à trois atmosphères.

Celle du port d'abord, avec ses combinats industriels, ses chantiers navals et ses prolongements en banlieue, en tours HLM des années soixante, au temps où le titisme triomphant mesurait le bonheur à la tonne d'acier travaillé et à la hauteur des clapiers égalitaires. Il reste comme des effluves de lumpen proletariat, d'homme en gris et à chapeau qui vous regarde, mais dilués dans la masse laborieuse qui invente pour la ville de nouvelles industries. Une atmosphère conviviale, ensuite. C'est le Korzo, avenue austro-hongroise, où des architectes visionnaires ont fait dans l'historiette, le style Sécession ou le rationalisme genre « armoire à tiroirs ». Parfois étonnant, souvent pompeux, pompier même. C'est le Korzo des bistrots où à chaque table un buveur de vin d'Istrie refait le monde devant des colonnades de nudités sculptées. Et enfin, il y a l'atmosphère catholico-jésuite, où la foi touche aux superstitions, où des christs de bois coulent en hématémèses miraculeuses et rentables. Cela se passe dans la cathédrale Saint-Vitus, rotonde baroque, inspirée de la Santa Maria de Venise.

Rijeka, premier port croate, troisième ville du pays où l'on a toujours un bateau à prendre ou un bus à ne pas rater. L'architecture du XIXe siècle y domine à travers de séduisants exemples de style Sécession, historicistes, rationalistes et autres en « iste »... témoignages du dynamisme industriel de la ville à l'époque. Ici à droite, le Ploech Palace, typique de cet art cossu et prospère.

PARC DE RISNJAK

Il y a une montagne, à la frontière de la Slovénie et de la Croatie, où se glissent des rivières qui ont séparé des peuples, telle la Kupa-Kolpa. Montagne étrange que ce Gorski Kotar, au climat périgourdin l'été, vosgien l'hiver. Sur ses pentes, grimpent des forêts noires de sapins et d'épicéas qui partagent un peu avec le hêtre, le chêne nain ou le sorbier des oiseleurs. L'hiver, quand souffle la bora, naissent là-haut, le soir, sur le Veliki Risnjak, le mont chauve de la montagne, à 1 500 mètres, des musiques de Smetana. C'est le pays de l'isolement, de la beauté à l'automne, quand naissent les rouges et les ocres des routes sinueuses

AUTOMAT
KLUB
CHANGE
WECHSEL
MJENJACNICA
caffe bar
caffe bar
WC

qui joignent des petits villages, aux maisons parfois traditionnelles, les *sindras*, aux murs en lamelles de bois. Mais c'est la beauté aussi des reliefs karstiques, sculptés en avens et en dolines, gouffres et entonnoirs lithiques, par une nature parfois étrange. Malgré toutes les guerres, ici, les forêts sont parfois encore vierges et les cimes inviolées. Ou si peu.

Au centre de tout cela, le parc national de Risnjak, jardin des plantes sur des milliers d'hectares. L'été, cela sent le pin et le panier de champignons. Le lynx (*ris* en croate) a donné son nom au lieu, un lynx que vous pourrez voir presque à l'œil nu, comme vous pourrez croiser un ours ou un loup. L'endroit est un paradis pour les oiseaux. Cent espèces composent une symphonie pastorale. Dans la bruyère, un grand tétras. Et dans la prairie, entre l'arnica, trois fleurs inconnues, et le nard, un chardon bleu. Un peu plus haut, beau comme un roi de France, voilà un lys, et enfin, après deux pas encore, la plus belle, la reine, voici l'edelweiss !

Rijeka. Outre l'architecture austro-hongroise du XIXe siècle, on peut aussi apprécier celle des nombreuses églises de la ville. Page de gauche, celle des Capucins proposant une superbe façade et le rythme harmonieux de sa polychromie beige et blanche. Page de droite, en haut, stalactites de cire en cascade, révélatrices de la ferveur populaire à l'église Sainte-Marie. En dessous, l'église Saint-Guy (Sv. Vida), édifiée en 1638 en forme de rotonde.

L'ÎLE DE CRES

L'île de Cres est à l'île Lošinj ce que Castor est à Pollux. On les appelait les Apsyrtes en référence à Apsyrtos, l'homme qui, dans l'affaire de Jason et la Toison d'or, fut découpé en morceaux. Ces derniers furent jetés à la mer et, d'un coup de légende, naquirent nos îles et quelques îlots autour. Mais Cres et Lošinj étaient siamoises. Les Liburniens opérèrent en 1600 av. J.-C. et séparèrent les deux sœurs pour éviter aux bateaux de faire des détours.

Cres aurait pu devenir une porte maritime autonome vers les occidents et les orients. Mais c'était sans compter sur les doges qui voulaient les clés du commerce adriatique accrochées à leur seul trousseau. Osor, la capitale peuplée de l'île, dut alors accepter d'être vassale. De plus, Venise pilla la richesse de l'île, le bois de chêne, pour l'expédier chez elle et en faire des palais et des galères, sur lesquelles la Sérénissime força les îliens de Cres à ramer.

L'île de Cres est jolie avec sa route qui monte en lacets vers les plus beaux panoramas de Croatie, là-haut, après le Tramuntana. Sur les crêtes à murets et à chênes verts.

La ville de Cres a gardé de ses fortifications trois portes et une tour. Sa vieille ville est un labyrinthe de rues pavées débouchant sur des placettes charmantes. Les maisons pastel comportent deux degrés. En bas, la boutique ou la réserve à huile. En haut, vit la famille. Ville d'artisans et de fermiers, ville de tranquillité.

L'île est pointée çà et là de jolis villages comme le perché Lubenice, comme Valun où l'on trouve la plus ancienne trace (une épitaphe) de glagolitique (ancien alphabet croate du Moyen Âge) du pays. Ou encore comme Osor, où l'été on écoute de la musique classique, près des vestiges de murailles, et où on aimerait tant être enterré dans le cimetière si paisible.

Ou enfin comme Beli qui est la Caput Insulae des Romains, ce qui signifie « tête de l'île ». Beli et son promontoire du temps enjambé par un pont. Mais Beli, difficile à atteindre, se désertifie comme toute l'île. On aura bientôt une Kornati de plus, mais Beli restera l'île des oiseaux avec ses quatre-vingt-dix espèces. Elle tente de sauver les vautours à tête blanche et ouvre une clinique pour les rapaces d'autrefois, ceux des rocs et des bergers.

Île de Cres (prononcer « Tsrésse » !). Tout en longueur, une seule route principale frôlant ou oubliant de magnifiques plages de sable blanc, comme, ici, celle de Lubenice.

Page de gauche
L'un des nombreux ports de poche de l'île de Cres, à découvrir au bout de routes étroites et sinueuses où alternent sans cesse paysages arides et boisés, le hêtre et l'olivier. Royaume également des caïques et des voiliers, où pourraient-ils mieux dénicher refuges et criques secrètes ?

Ci-dessus
Île de Cres : la rusticité et l'austérité de la pierre sèche de Lubenice se font ici aériennes. Le village, en tout point charmant, encore ceint de ses remparts, annonce vingt-quatre habitants en basse saison.

Double page suivante
Mythique sentiment d'éternité sur Cres.

ÎLES DE LOŠINJ ET KRK

Pour aller à Lošinj, l'île jumelle de Cres, il suffit de passer le pont du Lošinjski Kanal. C'est alors la douceur angevine dans un climat méditerranéen. Plus peuplée que Cres, plus touristique, avec une végétation luxuriante qui fait la joie des botanistes et des herboristes. On y voit plus de passants, de passagers, de passereaux et de passiflores que sur l'île voisine. Une tradition de marine y est aussi solidement ancrée. Depuis les argonautes jusqu'aux capitaines de Mali Lošinj restés fameux, en passant par le volontariat sur les navires de Rome et les galères de Venise, Lošinj a engendré une longue lignée de marins. Les belles demeures de l'île ont souvent été érigées à la demande d'un armateur, à l'âge d'or des Habsbourg, quand la navale faisait la richesse de la cité. Aujourd'hui encore, on construit dans les chantiers, mais des hors-bords plutôt que des *Queen Mary*. Mali Lošinj (« petite Lošinj ») est le plus gros bourg des îles croates (6 300 habitants). À comparer aux 915 habitants de Veli Lošinj (« grande Lošinj »).
Comme son antonyme, Mali Lošinj est depuis 1892 une station climatique pour pulmonaires. Le bord de mer est joli avec ses maisons peintes dans une palette qui va du crème au lilas en passant par tous les ocres, les roux et les blancs. Maisons édifiées au XIXe siècle par les capitaines venus mourir là après « des courses lointaines ». Et il y a, dans la petite Veli, des maisons encore plus colorées qu'à Mali Lošinj. C'est un petit port blotti autour de sa baie, un peu comme s'il avait peur de l'eau. Avec son église baroque qui recèle une *Vierge à l'Enfant* de Vivarini (qui vaut Giotto).
Faire le tour de l'île est un émerveillement.
Plus au nord, l'île de Krk (prononcer Keurk). C'est la plus grande île de l'Adriatique, qu'un pont relie à la côte. Reste la ville de Krk et Baška. Krk est une vieille ville aux ruelles magnifiques, encore en grande partie fortifiée. On trouve, au centre, l'une des rares horloges à vingt-quatre heures du XVIe siècle. Arriver par le haut à Baška est toujours un éblouissement. La mer se transforme en lac – les îles entre la mer et la côte sont si nombreuses qu'on n'a jamais l'impression d'être en mer mais sur un lac. La nature allume alors ses lumières magiques.

Page de droite
Île de Lošinj. Jadis elle ne faisait qu'une avec Cres, quand un chenal fut creusé vers 1600 avant J.-C. pour raccourcir la navigation autour de l'île. Ici, Veli Losinj, délicieux port aux façades dans tous les tons ocres, miel et mordorés, petite capitale de la plaisance.

Double page suivante
Dans l'île de Krk le village de Vrbnik semble tomber dans la mer. Quant à la capitale éponyme, elle offre son treillis de ruelles étonnantes, balisées de voûtes et de séduisantes façades.

534 ML

L'ÎLE DE RAB

Vue du ciel, on croirait une langouste, pinces au nord et carapace au sud. Ceux qui pensent que les pinces sont meilleures, plus en chair, touristes et résidents choisissent plutôt le nord. Carapace coupée par une barrière rocheuse, dominée par le mont Kamenjak. Ce qui fait aussi que notre joli fruit de mer jouit d'un climat et d'images inattendues. À l'est, le vent balaie les crêtes et les falaises vertigineusement belles qui tombent à pic dans la mer. À l'ouest, des sources, du calme, de la terre fertile et du sable. Alors, on cultive la vigne, l'olivier, le fruit de saison et les primeurs, là où les pins laissent de la place.
Et il y a les horizons, d'une beauté surprenante. Rab est bien la plus belle île du golfe du Kvarner. Généreuse, elle donne du vent aux amateurs de vent, du soleil aux amateurs de soleil, de la solitude aux amateurs de solitude et de la convivialité aux amateurs de partage. C'est le paradis du misanthrope hésitant ou du convivial fatigué.
Rab était un oppidum romain. Comme ses voisines, elle fut byzantine ensuite, puis gothe, vénitienne, autrichienne, italienne enfin, en vertu du traité de Rapallo, et yougoslave. Rab, capitale superbe de l'île de Rab. C'est un promontoire rocheux qui s'étend dans les eaux. En bas, le port et ses bateaux dans la ville basse, en haut, les quatre clochers qui se suivent dans la ville haute. Ville d'une belle logique. Et au centre, on trouve, logique encore, la rue du centre avec ses maisons d'autres siècles et ses palais gothiques. Des ruelles en escaliers dévalent et voilà l'église Sainte-Marie Majeure qui possède une magnifique façade romane avec sa Pietà de Petar de Trogir (1514). Plus loin, on admire le clocher roman à cinq étages de Saint-André. Louanges. Vraiment magnifique.

Il ne faut pas se fier à l'austère barrière rocheuse du côté est de l'île de Rab. Son versant ouest, fertile et ensoleillé, produit parmi les plus beaux fruits de la région et un vin fameux.
Rab, sa capitale, est l'une des plus ravissantes cités vénitiennes de l'archipel. Au bout de la vieille ville, l'alignement de ses campaniles romans se révèle du plus bel effet (page de droite).

SENJ

C'est rude, c'est gris, c'est ancien, Senj (prononcer « sègne »). C'est un village de pêcheurs construit autour d'une baie et dominé par un château carré, le Nehaj, sorte de hibou attentif et protecteur. Dans la vieille ville, les façades n'ont pas

Panorama de la vieille ville de Rab sur son promontoire fortifié : ville de caractère. Le long de ses trois ulica *parallèles, on n'en finit pas de détailler les ravissants palais et demeures nobles de la Renaissance vénitienne.*

Ci-contre
L'une des portes délicatement ciselées d'une demeure patricienne.

Vue générale de Senj, porte d'entrée du nord de la Dalmatie. Ceux qui arrivent par la montagne admireront la parfaite conservation des remparts et des tours et leur élégante insertion dans le paysage. Les portes de la ville invitent à pénétrer dans l'enceinte et à découvrir de gentilles placettes où les touristes ne vont guère.

été époussetées depuis le Moyen Âge. Les venelles tortueuses enchevêtrées mènent vers la cathédrale Saint-Matthias d'origine romane mais de style incertain. D'autres ruelles aussi incertaines donnent sur la place du marché, grand rectangle, entouré d'immeubles baroques. Le plus beau de Senj est la corniche côté Adriatique où la vue sur les îlots de Prvić et de Goli Otok est splendide. Mais Senj est surtout connue comme ancienne ville de pirates : les Uskoks. Ces flibustiers sont des Slaves venant des régions occupées par les Turcs qui s'installent à Senj en 1537. Mal payés par Vienne pour combattre l'Ottoman, plus ou moins à leur compte, farouches, pauvres, armant des galères de dix rameurs, ils font la course à l'Infidèle et au Vénitien. Avec un certain succès. L'Église les bénit moyennant la dîme du butin, ce qui a fait la fortune des moines de la cité.

LE NORD DE LA DALMATIE

Peu de chances que vous le traversiez trop vite. Avant d'atteindre les îles mythiques tant rêvées, trois magnifiques parcs nationaux, les fabuleux lacs de Plitvice, le sauvage Paklenica et le fascinant Krka, vous auront déjà détournés et, l'espace de quelques jours, fait croire que la mer n'existait plus...

LES LACS DE PLITVICE

Ils sont classés au patrimoine mondial de l'Unesco. Mais cette merveille des merveilles devrait être inscrite au patrimoine de l'univers. Imaginez une montagne, un Jura verdoyant recouvert de hêtres et de charmes, d'alisiers et de sapins. Une montagne où vivent encore des loups et des ours, des aigles gris et même, omniprésents, des blaireaux. Imaginez un escalier géant de seize marches qui descend dans les vallées larges ou encaissées, là-bas, tout en dessous. Chaque marche de l'escalier est un lac. L'eau de mille sources qui se réunissent dans le grand socle de dolomie karstique, là-haut, descend l'escalier. L'eau plonge, chute, coule. Seize lacs, les Plitvička Jezera. Le plus haut, le Prošćansko Jezero, se trouve à 639 mètres, le plus bas, le Kaluđerovac, à 503 mètres. Ce voyage de l'eau sur cent trente-six mètres est un tableau en musique de la nature. L'eau descend en cascades de plusieurs forces, de plusieurs formes, de la douchette couleur écaille d'ablette pour naïade mutine à la douche violente et tonnante à décrasser Jupiter. Tout sur un fond wagnérien. Des Walkyries liquides, bleues, vertes, turquoises, écumantes de colère blanche quand elles touchent une marche plus bas. Et puis le calme. Alors, plus lente, l'eau parle toujours couleur de cristaux, de lumière blanche et bleue, toujours eau vive et diamant vivant. Elle serpente presque sereine, entre les plantes et les barrières de travertin ou de tuf. Travertin que l'eau elle-même a déposé, petits cristaux pris aux parois et enrobés de mousse, et qui se sont solidifiés. Puis de nouveau la colère et l'eau balaie le barrage, le travertin qu'elle a mis tant de temps à construire, elle tue son œuvre et plonge encore dans les encaissements des dernières marches de calcaire où elle attendra le soleil qui évapore pour recommencer un jour sa chute presque éternelle et reprendre son travail de sculpteur de la nature. Et si cette eau était le burin de Dieu...
Mais triste nouvelle, l'homme commence à détruire ce que Dieu ou la nature a créé ici. Alors, interdit de chasser, interdit de se baigner.
Magnifiques chutes de Plitvice.

Les lacs de Plitvice, chef-d'œuvre absolu de la nature, sont classés au patrimoine mondial de l'humanité. Dans un environnement d'épaisses forêts, se joue un festival de cascades, spectaculaires chutes et lacs aux nuances de bleus et verts plus démagogiques les uns que les autres. Ici, un des pittoresques cirques des lacs inférieurs.

Pas moins de seize lacs qui tombent, sur 130 mètres de dénivelée, les uns dans les autres. C'est dans les lacs supérieurs que l'on mesure tout le merveilleux de cet extraordinaire écosystème. Un réseau de passerelles de bois vagabonde sans cesse au-dessus des eaux, tantôt vives et furieuses, tantôt dolentes et poétiques, dans un fascinant désordre végétal, maelström de plantes exubérantes et d'arbres fossilisés…
Au sommet des lacs supérieurs, on découvre les plus grands d'entre eux. Un bateau permet même une très belle promenade sur le Jezero Kozjak, le plus long.
Commencez la journée de très bonne heure. Le site vous appartiendra. Il possède alors une fantastique capacité d'évocation et de rêve.

Page de droite, en bas
Pays de forêts, le coin des lacs se devait d'utiliser les abondants matériaux locaux. Le charme simple et rustique de l'une des nombreuses demeures régionales en bois.

Double page précédente
Le charmant port de Vinjerac, avec en fond, la fantastique barrière rocheuse du Velebit qui abrite le parc national de Paklenica.

Ci-dessus et page de droite
Le Velebit, c'est avant tout le plus long et imposant massif du pays (classé réserve de la biosphère par l'Unesco pour son exceptionnelle richesse géologique). Pour les hardis trekkeurs et randonneurs, plus de 150 kilomètres de sentiers (notamment dans le parc de Paklenica), à travers un fascinant relief karstique, amas de roches déchiquetées et torturées, chaos aux formes fantasmagoriques, alternant avec de superbes forêts.
Au milieu de cette nature âpre et sauvage, des moutons bien sûr, mais aussi les aigles royaux, vautours fauves, circaètes
Plus terrestres, les ours, loups, lynx, chats sauvages, sangliers, blaireaux, vilaines vipères, salamandres noires, etc.
Ici (page de droite), pour les grimpeurs et alpinistes, partant directement du chemin, des façades de rêve de 400 mètres de haut pour s'entraîner. Il n'est pas rare de voir vingt équipes, venant de toute l'Europe centrale, fraternellement à l'œuvre côte à côte.

L'ÎLE DE PAG

Tout autour, une mer transparente comme un aquarium. C'est l'île de Pag, la Cissa des Romains, mentionnée par Pline le Jeune au Ier siècle de notre ère. À première vue, la désolation : du roc et du chardon, un pays de pauvres. On dit que, l'hiver, la bora écorne les béliers handicapés. Pourtant, en y regardant mieux, ce n'est plus du tout cela, car les gens d'ici ont réussi à faire donner la pierre. Ils sont des artisans dans le sens ancien du terme.

Dès l'arrivée, on sent une odeur sauvage entre les murets et les champs de pierres, le sel, l'iode et la sauge libre. Et cela sent la brebis dans les prés. La brebis est la première richesse de l'île. Nourrie aux herbes aromatiques et au sel de mer, elle donne un exquis gigot de pré-salé, et un délicieux fromage, le *paški sir*. Au nord des moutons, dans des enclaves fertiles, pousse la vigne qui produit la deuxième richesse de Pag, le Paška Žutica, un vin à huîtres, ambré, sec, un muscadet qui a pris un coup de soleil. La troisième richesse est le sel. Il est l'esprit de Pag, il a fait vivre l'île pendant des siècles, au temps des gabelles. Hélas, seules cent trente personnes en vivent encore.

Il y a Pag, la capitale de l'île. Pag au fond d'une baie profonde et d'un canal, une ville aux ruelles pleines de charme qui préfère encore la pierre au béton. Ruelles qui cachent, dans la patine, une fenêtre sculptée à la vénitienne, une porte gothique, et le fantôme d'un doge en vacances dans une demeure du XVIe siècle. Dans la cathédrale, prient des paroissiennes vénérables, aux cheveux tressés, en costume noir traditionnel et qui semblent dater du temps des chapiteaux corinthiens, du retable baroque ou du Christ en bois qui les entourent. Une cathédrale Renaissance, sobre mais harmonieuse dans son élan.

Tout près de l'église, une petite boutique de nappes et de draps, en dentelle de Pag, vend des chefs-d'œuvre artisanaux. Car l'île, en dehors et en plus de l'or blanc du sel, du vin et des troupeaux de brebis, possède une quatrième richesse : sa dentelle.

On jette alors un dernier regard sur la vieille cité, reconstruite en 1443 par le célèbre architecte Georges le Dalmate, après avoir été mise à feu et à sac par les habitants de Zadar.

L'île de Pag est l'antithèse de Rab l'opulente. Pag, c'est la poésie minérale à l'état pur, ne concédant que quelques enclaves fertiles pour la vigne. Royaume de la brebis qui, nourrie aux prés-salés, à la sauge et au thym, va donner le paški sir, *le meilleur fromage de Croatie.*
À droite, les marais salants qui constituèrent longtemps la principale activité de l'île. Ne pas manquer aussi de rapporter une dentelle de Pag, si fine, si délicate, qu'elle orna jadis bien des têtes et robes dans les cours royales européennes.

ZADAR ET SON ARCHIPEL

Du malheur rejaillit souvent plus fort le goût de la vie. Zadar aime la vie. Elle est même l'une des villes les plus vivantes de Croatie. Et pourtant, elle porte encore quelques cicatrices de bombardements et quelques plaies vives des obus des guerres passées, qui l'empêchent de rivaliser en splendeur avec Dubrovnik.
Zadar à travers son centre historique, et sa presqu'île, est comme un doigt tâtant si la mer est bonne. La plus au nord des villes fortifiées du pays a gardé une partie de ses murailles vénitiennes.
Zadar et son atmosphère latine, Zadar au féminin dans sa robe de couleur et ses rondeurs pré-romaines, au masculin dans la force de ses murs et de ses érections romano-gothiques. Zadar mystérieuse, la nuit sous les réverbères, dans ses rues étroites et pavées de blanc. La vieille ville, comme un livre ouvert sur le temps, incunable presque intact, dit, par la pierre et le vitrail, par la fresque et l'icône, le Zadar des tribus illyriennes et le Zadar romain, le Zadar byzantin et celui de Charlemagne. Elle dit les Goths qui prenaient tout et les Avars qui ne lâchaient rien, le sac des pirates et celui des croisés. Et les intrigues entre le doge et l'Ottoman qui se dénouaient ici. Elle dit le temps de la paix de Venise et des valses autrichiennes, et aussi le Zadar napoléonien quand l'empereur prenait conscience de la nation et qu'il publiait enfin en croate.
Feuilletons ce livre en commençant par les Romains.
Page romaine. Le Forum. Date des temps évangéliques.
Page d'avant l'an 1000. L'église Saint-Donat, IXe siècle. Chef-d'œuvre du prologue du roman. Rotonde byzantine, structure solide comme les peurs du temps.
Page an 1000. Sainte-Marie. Page du roman lombard avec son campanile du XIIe siècle.
Page XIIe siècle. L'église Sainte-Anastasie. C'est le milieu du roman. À l'extérieur, la plus belle façade du pays avec ses deux rosaces, l'une romane, l'autre gothique. À l'intérieur, impression d'un vaisseau qui avance au rythme des arcades où doivent se cacher les rameurs. Stalles au travail un peu forcé.
Page XVIe siècle. C'est le temps de Venise, de la muraille et du bastion. Et celui des portes qui tenaient la ville, comme la porte de la Terre-Ferme et son lion de saint Marc, un peu lessivé par le temps.

Zadar : malgré les épouvantables destructions de la dernière guerre, la cité possède encore un charme et une personnalité remarquables. Fusion de tous les styles qui façonnèrent la ville : romain, roman, gothique, Renaissance vénitienne, baroque... jusqu'aux reconstructions de type stalinien de l'après-guerre et les très prolétariennes HLM de la période titiste. Merveilleuse église Saint-Donat, exceptionnel musée d'art religieux. Ici, à droite, la dernière colonne survivante du forum romain et qui servit de pilori au Moyen Âge.

Il faut admirer le sarcophage d'or et d'argent de saint Siméon dans l'église qui lui est dédiée. Le Musée d'art sacré des sœurs de Sainte-Marie mérite une visite : ce ne sont que reliquaires, beaux et utiles, en coffret ou en bras de saints, Pietà polychrome splendide, six toiles éblouissantes de Carpaccio, le grand primitif, et une *Assomption* de Lorenzo Luzzo, celui qui inventa la lumière en peinture.
On quitte Zadar pour le large et les îles.
L'île d'Ugljan raconte le sud, la pêche, l'agriculture de naguère. Pins et oliviers, vignes et maquis. Villages paisibles où des filets sèchent. L'île de Pašman vaut par ses rocailles et ses solitudes. La grande île de l'archipel est Dugi Otok. Là, le temps s'est arrêté. Il y a du sable, des galets et presque personne. Depuis le sommet d'un des monts pelés, la vue porte jusqu'au massif du Velebit, là-bas sur le continent. Et puis, il y a le parc naturel de Telašćica, jolie baie à bateaux, protégée par une falaise, dans une végétation luxuriante. Là, mille plantes du sud aux odeurs poivrées. La vue est superbe sur toute la palette en nuances de l'Adriatique.

À gauche, la délicieuse église de Nin, à 18 kilomètres de Zadar. Seulette sur sa colline, elle est un magnifique exemple d'architecture religieuse primitive.

Au centre, niché au sein des tamaris et des palmiers, le discret port d'Iž Veli, sur l'île d'Iž. Les tonneaux ont été lavés à l'eau de mer et sèchent en attendant les prochaines vendanges. Outre le vin, l'autre grande spécialité de l'île est la fabrication des poteries et des terres cuites.

ASTRAL
DB

LES ÎLES KORNATI

Îles merveilleuses, de la solitude première. Paradis terrestre pas encore ensemencé, âpre, primaire, la roche et le roc sous le burin de Dieu. Falaises immobiles, mais qui plongent et qui coulent à pic dans un saphir liquide et transparent. Jouissez de cette nature dénudée, torturée et qui crie sa beauté.

Des moutons dans un paysage désolé, des murets de vieilles pierres quadrillant des champs ronds et des prés carrés. Et à côté d'un châtaignier nain, un âne marron et une ânesse noisette, et là-bas sur l'île en face, une falaise blanche et belle. On pourrait se croire en Irlande. Mais le châtaignier n'est qu'un chêne nain, et les rocs sont trop déchiquetés. Odeur du genévrier et du romarin. Et toutes ces îles, ces îlots, ces récifs fendent la mer, alignés en armada démâtée. Et la mer si pure, si bleue, qu'un chaton de bague rempli d'icelle tromperait le lapidaire. Non, ce n'est pas l'Irlande. La lumière n'est pas des îles d'Aran.

Mais ce carré de vigne entre les murets, ce lézard des chaleurs qui file, cette crique qui s'ouvre sur ses galets, cet abri de berger qui date de l'Odyssée : on est dans une île grecque ! Non, cette chapelle abandonnée là est trop catholique, pas assez orthodoxe. Et ce pré-ci est trop maigre pour être un morceau de Grèce. Alors ? Cette île à côté, blanche, rousse, aride, lunaire. Et ces déchirements en cratères. Et là-bas, dans la crique, un être étrange, avec un œil géant au milieu du visage, la peau noire et des jambes de grenouille. Mais c'est bien sûr, on est sur la lune. Que colonisent des lunatiques : ils plantent un figuier par-ci, deux oliviers par-là. Eh non, l'être étrange n'est qu'un plongeur sous-marin ! Adieu, face cachée des choses.

De ces cent quarante-sept îles et îlots, la plus longue est l'île Kornat, une grosse râpe de vingt-cinq kilomètres sur trois. Ces îles de beauté (qui n'ont plus de maquis) n'ont pas été créées par Dieu mais par l'homme. Il y a trois siècles, régnait ici la forêt dense, avec des lynx, des bûcherons. Elle a été défrichée pour les pacages. Et sur terre comme dans le ciel, quand les nuages et les moutons sont passés, on voit parfois la lune le long des couronnes des falaises de Mana, ces cassures sublimes de la terre, dans le plus beau des parcs nationaux. Mais là, une île jolie pleure de ne pas avoir été admise dans le parc.

Page précédente
Sur l'île de Dugi Otok, dans le parc naturel de Telašćica, la plus vertigineuse falaise de l'archipel. On a compté, dans le lagon en contrebas, plus de cent nuances de verts et de bleus. Très proche de cet endroit, le lac Mir dont l'eau contient deux fois plus de sel et dont la température est supérieure de 6 °C à celle de la mer.

Page de droite
Kornati, l'enchantement minéral total. Relief karstique, magnifique nuancier de toutes les tonalités de gris, ocre, beige, formant, suivant les plis et fantaisies du terrain, de superbes graphismes. Peu d'habitants permanents : sept en tout pour cent quarente-sept îles et îlots ! En revanche, de plus en plus de visiteurs louent de très rustiques demeures de pêcheurs à la semaine dans les coins les plus perdus, assurés de n'être ravitaillés que tous les trois jours par bateau. D'autres goûtent au poisson le plus frais du monde dans des tavernes secrètes, nichées dans les criques les plus reculées.

ŠIBENIK

En haut, une vieille ville pleine de charme, aux rues étroites et dallées, aux venelles mystérieuses, aux escaliers en lacis, qui semble sortie d'un film d'un réalisateur italien de l'époque du *Guépard*.

Šibenik est d'abord une vraie ville croate. Elle n'a connu ni Rome, ni Byzance en gloire. Elle a été fondée vers le VIIe siècle par les Croates eux-mêmes. Indépendante durant trois siècles, elle passe ensuite de main en main aussi vite qu'un billet de dix dollars : Hongrois, néo-Byzantins, Vénitiens entre autres... Ces derniers gardent d'ailleurs le billet jusqu'en 1797. Mais bientôt les Turcs essaient, en vain, d'empocher la mise. Puis voilà Napoléon, bientôt chassé par les Autrichiens, lesquels seront obligés de donner le billet, un peu démonétisé, à la Yougoslavie.

Mais si Šibenik vaut par son histoire, elle vaut surtout par sa cathédrale. Un chef-d'œuvre, la représentation de la transition magnifiquement réussie du gothique vers le Renaissance. Gothique de base trop sage, mais beau, s'élançant dans le Renaissance d'un coup de crayon d'un génie : Georges le Dalmate. Il augmente le gothique de témérités monumentales, comme la coupole qui est un mystère d'équilibre. Il fait vivre le matériau sous pression en ne cimentant rien. Tout tient par le génie de l'architecte, ou par l'amitié entre les pierres, peut-être. Et tout est finesse, le burin devient ciseau, autant à l'extérieur, la rosace ou l'oculus, qu'à l'intérieur : notamment, le merveilleux baptistère.

Et puis, il faut jeter un coup d'œil aux arcades de l'hôtel de ville, à l'heure où la ville s'endort sous les réverbères.

À Šibenik, le palais Foscolo du XVe siècle, chef-d'œuvre du style gothico-Renaissance. Le décor des fenêtres est particulièrement élaboré. En montant vers le château Sv. Ana au long de pittoresques ruelles, de nombreux et séduisants clins d'œil architecturaux guettent le visiteur sur d'autres petits palais et demeures patriciennes.

Ci-dessus
Vue générale sur Šibenik. Dominée par son château du XIVe siècle, la ville invite à partir à l'assaut de son treillis de ruelles, de passages voûtés, de mystérieux escaliers.

Ci-contre
Beaucoup de ces aristocratiques demeures sont encore habitées par des familles populaires.

Page de droite et page suivante
Le porche de la cathédrale Saint-Jacques, véritable dentelle de pierre. Au-dessus, on admirera aussi la finesse d'exécution de la rosace et de l'oculus.

STOP

LA CATHÉDRALE SAINT-JACQUES

On doit la cathédrale Saint-Jacques à Georges le Dalmate (Juraj Dalmatinac), considéré comme l'architecte de la Renaissance croate. Ainsi, il inventa de nouvelles techniques de construction sans joint entre les pierres, appliquées de façon particulièrement hardie pour l'édification du dôme de la cathédrale. Lorsqu'on restaura l'église après les bombardements serbes de 1991, les architectes furent incapables de reproduire les techniques de Juraj et l'on dut utiliser du béton pour faire tenir tous les éléments du dôme. Un comble ! Pas d'inquiétude cependant, rien ne se voit de l'extérieur. Autre originalité de Juraj : pour servir de modèles aux soixante-douze personnages qui ornent le chevet de l'édifice, il arrêtait tous les passants dont il trouvait la tête particulièrement expressive. Aujourd'hui, on possède un trombinoscope tout à fait insolite et original de la population de l'époque.

TROGIR

Classée au patrimoine de l'Unesco mais trop envahie de touristes. Pour goûter à Trogir qui mérite une dégustation lente, mieux vaut choisir l'avant ou l'arrière-saison, à la limite l'aurore ou l'aube. Trogir est une ville îlot, comme la Cité l'était à Paris. C'est une cité médiévale pleine de charme. Son lacis de ruelles pavées, de rues étroites qui longent des maisons blanches ou ocres en pierre de Brač, ses arches, ses vestiges de remparts du XIIIe siècle, ses déclinaisons romano-gothique, Renaissance, baroque, sa lourde porte cloutée du temps des doges, mènent par cent détours à la belle des belles, la cathédrale Saint-Laurent. C'est l'exemple le plus fini, le plus exceptionnel de l'architecture médiévale de l'Adriatique et des alentours. Le XIIIe siècle qui s'achève lentement dans le XVIIe. Le joyau sculpté, ciselé du sanctuaire est son portail occidental, travaillé par maître Radovan (sculpteur de génie) dans des détails les plus fins, à croire qu'il a plus utilisé la lime ou le cure-pipe que le burin droit ou le ciseau. C'est Praxitèle devenu dentellière. Le portail est abrité par un large porche où des lions agressifs portent Adam et Ève (Venise portant la création, quelle humilité), chef-d'œuvre de l'art roman. Et du même burin, il sculpte dix scènes de la vie champêtre et cent personnages, apôtres ou saints dans un bestiaire en liberté de pensée. Et puis il y a le baptistère, du pur Georges le Dalmate, quoique réalisé aussi par Andrija Alesi. Ce ne sont que fleurs, fruits et angelots. Nicolas le Florentin n'aurait pas osé manquer mettre son grain de pierre dans cette perfection. Il a ajouté au chef-d'œuvre la chapelle de Jean-de-Trogir, œuvre admirable où des anges protègent le sarcophage du brave Jean.

Et on quitte Trogir par les portes et les remparts où une petite loge médiévale servait d'octroi pour le voyageur qui voulait entrer intra-muros.

Double page précédente
Les chutes de Krka. Un Plitvice en réduction, le même phénomène géologique de dépôts de sédiments dans les accidents de terrain et autres goulots d'étranglement, créant des barrages naturels de travertin. Le tout se recouvrant d'une dense végétation. Résultat : un réseau de passerelles permet de se balader quasiment toujours sur les eaux, tantôt en furie, tantôt sereines dans un environnement magique.

À droite, détail du merveilleux portail de la cathédrale Saint-Laurent-de-Trogir. Ce lion agressif était censé symboliser à l'époque la domination de Venise sur la Dalmatie.

Ci-dessus
Trogir, l'une des plus séduisantes petites cités de la côte, une vraie ville-musée, vivante car elle a su conserver ses artisans, ses ouvriers et ses pêcheurs.

Ci-contre
Un mode de transport que l'on peut encore voir dans la région.

Page de droite
Le marché de Trogir.

SPLIT

Si vous arrivez à Split par la route de Zagreb, par celle de Trogir ou même par les faubourgs, vous ne verrez d'abord qu'une métropole moderne, tentaculaire, industrielle. Immeubles sans âme et tags dans les cages d'escaliers. Panneaux publicitaires et ouvriers-paysans, francs-tireurs du chômage et partisans de l'Hajduk (belle équipe de football).

Peu de chose, Split, direz-vous ! Mais voilà. Il y a la vieille ville, chef-d'œuvre de l'histoire pris sur le vif. Bloc de temps posé là, arraché à l'éternité qui s'écoule. Un bloc de trois hectares sur deux mille trois cents ans, sur trois mille cinq cents ans si on compte les importations d'Égypte.

Un jour, un empereur romain, Dioclétien, né à une portée de *pilum* de Split a fait ériger un immense palais pour y vivre en gloire et y mourir en paix. Puis tous les Split de toutes les époques, de tous les styles, se sont installés dans le palais, partageant la place, débordant des murs quand ça serrait un peu.

Le cœur de Split a toujours battu à l'intérieur des murs, hauts de vingt-cinq mètres et épais de deux. Byzance a construit sur ou à côté de Rome, et Venise a bâti sur ou à côté de Byzance. Et Vienne a érigé sur ou à côté de Venise. Et l'érosion du temps a équilibré le tout dans un miracle de pierres réutilisées sans anéantir l'essentiel.

Alors, on devine le plan originel de l'immense édifice, par ses vestiges, par un vestibule d'époque, par un tracé de rues, par ses sous-sols construits sur le même plan que le rez supérieur disparu.

Les premiers à avoir squatté le palais, en 615, ont été les habitants de Salona, fuyant les Avars. Ils élevèrent une cathédrale, sur le mausolée de Dioclétien (revanche), dont la structure octogonale forme maintenant le corps de la cathédrale. Cathédrale superbe avec ses portes sculptées par Buvina, un grand artiste autochtone du ciseau, et son campanile en roman tardif.

Non loin se trouvait un temple romain dédié à Jupiter. On le transforma en baptistère où, du plafond, des visages étranges et peints regardaient les baptisés nus en immersion.

On change encore de style avec le palais Papalić, gothique flamboyant, où l'on sent la patte de Georges le Dalmate. Et là, des palais Renaissance aux élégants

Le palais de Dioclétien. Une ville dans la ville. Lors des invasions barbares, les habitants de Salona s'y réfugièrent. Dans l'urgence, ils s'adossèrent opportunément aux bâtiments existants pour construire leurs habitations ou utilisèrent des matériaux de réemploi. Au fil des siècles, le palais devint ainsi une adresse permanente, aujourd'hui, habité encore par trois mille personnes. Il faut parcourir les étroites ruelles pour y débusquer tous les télescopages architecturaux : chapiteaux encastrés dans les murs, cafés installés sous de nobles portiques, colonne incongrue au milieu d'une banque, en plus de tous ces styles, de tous ces signes semés au long des époques, s'imbriquant, se superposant de façon libertaire et romantique.

BIG

escaliers extérieurs et ouverts sur des jardins à puits travaillés. Et puis là-bas, du baroque, c'est presque le Bernin qui danse.

Il faut entrer dans la cathédrale et admirer le mobilier et la décoration. Une chaire romane du XIIIe siècle, dans un marbre qui irise l'autel Saint-Anastase, joyau de délicatesse et de réalisme fort, œuvre bien sûr de Georges le Dalmate. Les stalles vont du byzantin au lombard avec même des touches d'Islam, et sont d'une finesse à avoir été travaillées à la lunette de lapidaire.

Là, dans la vieille ville, tout est dans tout. Le dernier monument à visiter est le Teak Café qui vous sert du vin d'Istrie dans une cave qui a connu les amphores de Dioclétien.

Ci-dessus
Près du mur ouest du palais, le Narodni trg, la place la plus animée de la ville. Bordée de petits palais Renaissance et de demeures anciennes, comme cette tour-maison ornée d'une horloge du XVe siècle surmontée d'un clocheton.

Page de droite, en bas
Salona, l'ancienne capitale de la province romaine de Dalmatie. Il ne reste que des ruines, mais on découvrira les fondations significatives des thermes romains, le théâtre, les murs des basiliques chrétiennes.

Double page suivante
La façace sud du temple de Dioclétien.
C'est ici que se trouvaient les
appartements impériaux.
Il faut admirer l'intégration des colonnes,
le rajout des fenêtres par les
« squatteurs ». L'ajout de la balustrade
est beaucoup plus tardif, tandis
que la tour sud-est du palais d'origine
subsiste toujours.
Split, une machine à remonter le temps !

Ci-dessus et page de gauche
Île de Brač. À Blaca, on découvre un intéressant monastère. À gauche, l'édifice accroché à la falaise. En haut, le somptueux intérieur baroque de l'église.

Ci-contre
La plage de Zlatni rat, célèbre pour sa forme en fer de lance, surnommée « la corne d'or », s'avance dans la mer sur près de 300 mètres. Elle s'oriente à droite ou à gauche au gré des marées et du vent.

LE SUD DE LA DALMATIE

C'est le choix cornélien par excellence. Après les merveilleuses Kornati, des îles toutes aussi séduisantes les unes que les autres (en particulier Hvar et Korčula), des eaux parmi les plus limpides d'Europe, et, tout au bout, Dubrovnik, la perle de l'Adriatique.

ÎLE DE HVAR

Hvar est-elle la plus belle île de l'Adriatique ? Certains l'affirment. On la classe au niveau de Bali ou de Mykonos. Elle possède une capitale éponyme qui est sortie intacte des guerres et de l'histoire.

Elle porte des collines libres et vierges, tapissées d'un maquis dru. Et sur les collines, rien. Pas un poteau, pas un calvaire. Elle sent la lavande et le pin. Et grimpent des vignes où les ceps semblent choisir eux-mêmes leur rang et qui donnent, entre autres, un vin rosé à la cuisse angevine. Et sa jolie côte est découpée comme une Bretagne en Méditerranée. Sa pierre à ériger vaut celle de Brač. Et elle a de charmants villages le long de chemins de chèvres. Il y coule un miel doux comme le lait d'un sein de maman et des pentes brûlées divines quittent le maquis pour plonger dans un rafraîchissement d'émeraude.

Le visage des femmes est un voyage Venise-Moscou en première classe. Et au levant, il y a la force du vent, et au couchant la lumière de cent ciels.

Alors Hvar est-elle la plus belle ? Oui, mais Hvar devient trop branchée, trop mode. En période de pointe, c'est la saturation, l'arrivée des grégaires en rangs serrés. La solution ? Y venir après vendémiaire, quand le touriste et le raisin sont rentrés. Les prix baissent avec le thermomètre. Vous goûterez alors le charme des hameaux vénitiens de l'île. Et vous verrez la place Saint-Étienne à Hvar bourg, la plus grande place de l'Adriatique. Et vous foulerez les sublimes dalles en pierre de Brač, qui vous donneront l'impression de marcher dans une église qui s'est envolée. C'est magique.

En toile de fond, la cathédrale Saint-Étienne. Pure Renaissance dalmate, du moins pour l'extérieur. L'intérieur est une théorie d'autels baroques. Et puis, vous finirez par la forteresse espagnole là-haut, et ses géométries en volumes pour voir par-dessus les toits rouges ou lilas. Et par-dessus les clochers, la mer débarrassée des yachts et là-bas, encore quelques îlots qu'on a appelés, mais pourquoi diable, les îles de l'Enfer.

L'île de Hvar. Sa capitale, exquis petit port sorti indemne de l'histoire, est devenu depuis l'indépendance le Saint-Trop du pays. Tout pour séduire ici, des eaux transparentes jusqu'au bord des quais, de belles dalles calcaires usées et lustrées qui miroitent au soleil et toutes ces ruelles en escalier, bordées d'élégants édifices dans l'ombre et le silence.

Le port de Hvar. Pêche et plaisance y cohabitent harmonieusement. Le trg Sv. Stjepana, deuxième plus grande place sur l'Adriatique (après celle de Saint-Marc à Venise) y débouche naturellement. Également ouvert sur le port par une grande loggia voûtée, l'ancien arsenal abrite aujourd'hui un théâtre et une galerie d'art.

ZLATOROG
MANTA
Mary
RENT A BOAT

Page de gauche
Vue sur la baie de Hvar, avec ses maisons comme suspendues au-dessus des eaux les plus limpides de l'Adriatique.

Page de gauche en bas
Au hasard d'une ruelle, piqué sur l'un des nombreux palais patriciens qui balisent la ville, un témoignage de la richesse de la période du gothique tardif et de la Renaissance dalmate. Hvar, on ne le répétera jamais assez, peut-être la plus jolie capitale des îles !

Ci-dessus
La forêt de tuiles rouges d'où émergent des arbres laissant deviner bien des petits jardins secrets.

ÎLE DE KORČULA

Korčula ? C'est une danse, une valse lente à trois temps. Il y a le temps de la ville, le temps des campagnes et celui des légendes.
Le plus évident est le premier, le temps de l'à première vue. Et ce temps, c'est Korčula, la ville, la capitale éponyme de l'île. Quelle est belle la cité, avec son plan en arêtes de poisson. Sous la chair à vif de ses toits rouges, au bas des murs aux reflets d'écaille, c'est un rouget des roches qu'un dieu vous fait rôtir en juillet.
Korčula a, comme Raguse, ses racines prises dans la liberté. En 1214, au moment même où, à l'autre bout de l'Europe, des rois s'égorgeaient à Bouvines, Korčula déposait ses statuts : plan d'occupation des sols des terres en partage, centralisme sans parti et abolition de l'esclavage. Plus tard, les Austro-Hongrois en ont fait un lieu de villégiature dans le vent. En 1912, elle était le rendez-vous des aristocrates et des intellectuels des empires centraux. Et aujourd'hui, avec l'élan et les traités de paix, elle est le deuxième lieu à la mode de Dalmatie, après Hvar. Intellectuelle et libre, Korčula a bien des choses à dire, mais elle préfère les montrer. Il suffit de se promener dans la vieille cité : les fortifications, leurs escaliers ponts près d'une tour aussi carrée que deux fois deux, le chemin de ronde où l'on est surpris de ne pas croiser un seul archer. Et la cathédrale Saint-Marc avec ses frises sculptées en bestiaire fantastique et sa rosace, fresque prête à éclore. À l'intérieur, quelques coups de pinceau fort aimables, dont un du Tintoret, et une porte gothique disent en relief l'histoire des musiciens d'ici. Voilà pour le premier temps de la valse, le temps de la ville.
Coule alors le deuxième temps, celui de la campagne. Ce temps se mérite. Il faut trouver les baies et les plages cachées dans l'air pur, au bas des pinèdes qui sentent bon. Et les oliviers qui se tordent pour faire sortir de leur corps une huile aussi pure qu'un reflet de topaze. Et les vignes en terrasses et à murets en pentes à vertige, raides à s'encorder aux vendanges.
Et nous voilà déjà au troisième temps, celui des légendes vraies ou des vérités légendaires. Ici est né Marco Polo. Après la bataille contre les Gênois il a été séquestré à Korčula, mais contrairement à la légende, c'est à la prison de Gênes qu'il a dicté son *Livre des merveilles*.

Korčula. Île de légende, le mariage le plus réussi qui soit entre le génie méditerranéen et le caractère slave. Si belle que Marco Polo, natif de l'île, s'en lassa un jour, chinoisa un peu avant de partir chercher de l'exotisme ailleurs.
Épargnée par les ravages de l'immobilier, elle a conservé un trésor sorti intact des vicissitudes de l'histoire : la vieille ville. Le lion de saint Marc rappelle que Venise fut l'un de ses plus fidèles locataires.

Page de droite, la somptueuse cathédrale dont le plafond de la nef, en forme de coque de navire, rappelle la vocation maritime de la ville.

À Korčula, l'expression « marcher le nez en l'air » prend tout son sens. La seule façon de dénicher des détails architecturaux et des coups d'œil insolites : un lion vénitien échappé, une poétique ouverture sur la mer, des ombres furtives sous de silencieuses voûtes, de séduisants angles de vue sur les plus fascinants monuments de la ville…

ÎLE DE VIS

Elle est la plus occidentale et la plus authentique. Il y a des pins et du maquis sur des crêtes moulées dans la craie et dans les rocs ; des baies qui deviennent fjords tant la mer si bleue, si pure pénètre ; des grottes hélas ! réservées aux plongeurs et aux poissons de mer. Et puis, il y a des jolies plaines couvertes de terre rouge, un ou deux oliviers et de la vigne. Et tant d'oiseaux ! Cette île est encore intacte. Pourtant elle n'est pas jeune notre belle Dalmate. Au temps des Romains, elle s'appelait Issa. Elle était déjà belle, riche avec un forum et des thermes, et convoitée. Au IVe siècle av. J.-C. les Grecs l'envahirent et en firent une colonie. Elle se donna ensuite à César puis au doge de Venise et enfin à l'empereur d'Autriche, en plus de quelques autres. Elle conçut de ces relations quelques hameaux de pêcheurs, quelques bourgs d'artisans, comme Vis, le principal, où il fait si bon se promener à pied depuis le bas des fortifications.

Page de gauche
Vue de la ville de Korčula, avec son fort et le port qui fut l'un des plus importants lieux d'hivernage de la marine vénitienne.

Ci-dessus
L'île de Vis et ses îlots. Collines aux crêtes calcaires, maquis, rares pinèdes et plaines fertiles où s'élaborent des petits vins fort gouleyants aux parfums de miel. Base militaire de la marine yougoslave jusqu'en 1989 et interdite au tourisme, Vis propose aujourd'hui des paysages vierges de toute faute de goût. Cependant encore fragile, l'île appréhende que ses admirateurs ne deviennent un jour trop nombreux.

ÎLE DE MLJET

Et maintenant, l'île de Mljet, la belle aux jolis lacs saphir. Escarpée, pentue, sauvage, Mljet est l'île des panoramas superbes pour romantique solitaire. On y trouve des rochers pour des Victor Hugo en devenir et des lacs pour des Lamartine en gestation. Point envahie encore par les hordes, elle est une île à Robinson.
Il y a des criques, du sable, l'eau est pure. C'est une île pour enfants, avec ses ports de poupée, ses petits villages, où les maisons se promènent le long des chemins. Mljet est une île qui a eu peu d'histoire, mais on dit que les gens heureux n'en ont pas. Elle est aussi une île d'aventure. C'est ici qu'Ulysse fut séduit par la nymphe Calypso, ici que mouillaient les pirates illyriens. Pourtant, malgré sa beauté, les rois de Bosnie n'en voulurent point et la vendirent aux moines, des moines lacustres et bénédictins, qui érigèrent leur couvent sur un îlot au milieu d'un lac salé (le Veliko Jezero). C'est un joyau, une pointe de diamant plantée dans une émeraude, sertie elle-même dans le plus beau des saphirs.
Et puis, il y a un parc national à Mljet. Un espace de sauvegarde des espèces. Il y a des mangoustes qui mangent des vipères et des tortues caouannes en goguette.

La plus méridionale des îles de Croatie dont Ulysse tomba amoureux et où il séjourna longtemps. Saint Paul, qui y fit naufrage, eut également du mal à en repartir. Le parc national, à l'ouest de l'île, concentre les plus belles essences méditerranéennes. Outre les ports de poupée, on y trouve des criques secrètes tapissées de petits galets et de beaux villages anciens.

Ci-dessus
Le monastère Sainte-Marie caché sur une petite île arborée. Les moines eurent toujours le don de choisir judicieusement les plus beaux endroits. Perle de l'architecture romane italianisante dans un cadre au possible romantique !

Double page suivante
Le delta de la Neretva, entre Makarska et Dubrovnik. Des hortillonnages en étoile autour de petites collines. Un des paysages les plus originaux qui soient. Ancien marais habilement transformé par les hommes en mille parcelles fertiles reliées entre elles par de petits canaux et produisant les plus beaux fruits de la côte.

DUBROVNIK (RAGUSE)

Page de droite
Entrée du port de Dubrovnik.
On comprend mieux son surnom de « perle de l'Adriatique ».

Double page suivante
Vue générale de Dubrovnik.
Là, on saisit également ses choix stratégiques. Promontoires faciles à fortifier, anses et criques qui pouvaient abriter naturellement la plus grande flotte tant commerciale que de guerre de l'Adriatique.

Dubrovnik est incontestablement l'une des dix plus belles cités d'Europe, France et Italie comprises. Et ne prenez pas pour lyrisme la vérité habillée d'émotion. Dubrovnik est belle.

C'est la perle de l'Adriatique, estimait, ou plutôt sous-estimait Lord Byron. Car Dubrovnik est plus qu'une perle, c'est un collier de perles, dans un triple écrin. L'écrin de velours pur aux reflets qui vont du mauve au turquoise en passant par le bleu de la mer. L'écrin blanc et crème précieux du joyau des fortifications, des murs lourds et des « tours prêtes à roquer pour s'opposer à un échec » à la cité. Fortifications plantées dans le roc où elles ont à jamais pris racine. Enfin, écrin de rubis taillés en pointes et en pentes orangées des toits de la ville. Cet écrin des toits est comme le cœur ouvert et à nu de Dubrovnik.

Et les perles sont dans ce triple écrin, reliées entre elles par le fil de l'histoire, dominant ou se cachant sous l'écrin. Des maisons moyenâgeuses et des ruelles aux pavés de lumière, une place construite comme un théâtre et des portes « à genoux », un bras de mer pétrifié et un palais de recteur, une église en flèche qu'on aurait aimé lancer et une cathédrale en dôme qu'on aimerait caresser, des reliquaires d'or et des tableaux de génie. Et les couleurs et les patines du temps mais qui laissent vivre les couleurs du jour : un parasol canari devant un café ou du linge rose qui sèche entre deux fenêtres.

Dubrovnik, la belle slavo-latine, inscrite sur la liste du patrimoine mondial de l'Unesco, en lettres d'or, de sang et d'amour.

L'histoire a commencé au temps des invasions du VIIe siècle. Il y avait là une cité gréco-romaine, Épidaure, où de riches marchands faisaient fortune. Débarquent en 614 des Slaves mal argentés et des Avars barbares. Les gens du comptoir abandonnent la recette pour s'installer sur un gros rocher escarpé, séparé de la terre ferme par un étroit chenal naturel. Ils fondent un hameau, Ragusa. Face à Raguse, des Slaves fondent une colonie sur le lieu d'une chênaie (Dubrava, le chêne en croate archaïque). Dubrovnik est née. Exogamie oblige et entremêle les gênes des deux villages. De ce métissage naît Raguse, qui gardera ce nom jusqu'en 1918. Au IXe siècle, Raguse est déjà la ville la plus opulente de Dalmatie, une Venise en

maquette avec sa flotte de combat. Elle affine ses institutions et devient une république libre et indépendante. Mais Raguse comprend que pour un petit État mieux vaut la diplomatie que la politique de la canonnière. Adieu indépendance, vive l'autonomie. Elle paie la dîme au roi de Hongrie, puis au sultan. Cette politique fait que la frontière actuelle entre la Bosnie et la Croatie suit exactement la limite historique de l'expansion turque. Raguse s'étend, commerce avec l'Asie et l'Afrique. Premier port pour les métaux, le cuir, la laine et les épices. Elle vend du sel et achète du poivre. Elle possède deux cents navires, troisième tonnage de l'univers connu. C'est l'âge d'or. Elle vaut Florence pour sa culture. Ivan Gundulić le poète vit à Raguse. C'est le temps des recteurs élus et de la démocratie. En 1667, un violent séisme dévaste la ville, tuant la moitié de la population. Mais on restaure, on accroche le baroque au gothique existant. Baglivi le médecin, Bašković le savant, habitent là. Le génie croate a donné ce que vous admirez.

Classée au patrimoine mondial de l'humanité, Dubrovnik, lors des bombardements serbes, suscita un vaste élan de solidarité de par le monde. C'est pour cela que les destructions de la guerre furent loin d'atteindre celles d'autres villes martyres comme Vukovar. Beaucoup de tuiles toulousaines couvrent aujourd'hui les toits éventrés et les traces physiques de la guerre ont presque totalement disparu.

Impossible de citer les dizaines de monuments, églises et palais qu'il faudrait voir.
À Dubrovnik, l'émotion donne le vertige.
À cause du terrible séisme de 1667, le baroque domine, mais ce sera un jeu subtil de découvrir les nombreux clins d'œil roman, gothique et Renaissance qui s'y cachent...

Ci-dessus
L'église des Franciscains. Certes inévitablement baroque, mais elle a gardé son magnifique portail gothico-Renaissance et sa pathétique Pietà.

Double page suivante
Le cloître de l'église des Franciscains donnant sur une exubérante végétation. Ravissantes arcades trilobées sur colonnettes jumelées et chapiteaux délicatement ciselés. Aucun ne se ressemblent.

LE PALAIS DES RECTEURS

Le plus fascinant palais de Dubrovnik. Résidence du recteur de la ville, une sorte de doge local dont le mandat était renouvelé chaque mois afin déviter la corruption. Pendant cette période, le recteur était tenu de vivre seul, sans famille et n'avait le droit de sortir que pour les cérémonies officielles. Chaque soir, on lui confiait les clés de la ville qu'il restituait le matin, selon un rituel immuable. Palais édifié au XIIIe siècle dans un style romano-gothique, il servait d'arsenal, de poudrière et de prison. Une explosion au XVe siècle le détruisit en partie. Il fut reconstruit dans le style Renaissance de l'époque. Le séisme de 1667 l'anéantit à nouveau et la renaissance s'effectua en baroque. Cette fusion des styles n'est pas le moindre de ses charmes. Noter la richesse de la façade, ses élégantes arcades aux chapiteaux particulièrement finis. À l'intérieur, l'atrium. Les soupiraux de certaines cellules donnaient là. Quelques prisonniers favorisés pouvaient être ravitaillés ainsi par leur famille (la nourriture était à leur charge).

CAMBIO

TEMPLVM ANNVNCIATIONIS
VIRGINIS MARIAE

On entre à Dubrovnik par la porte Pile, imposante. Voici le cloître du monastère franciscain, du roman tardif : fraîcheur pure sous les palmiers, oasis médiévale aux arcades ciselées. Plus loin, la Placa plus connu sous le nom de Stradum. Le chenal originel qui séparait l'île de la terre. C'est l'avenue des rencontres, pavée de dalles blanches en pierre calcaire de Brač si belles d'avoir été battues par tous les talons des siècles. Les boutiques s'abritent sous des arcades typiques. Et là, la fontaine d'Onofrio, coiffée en dôme, qui a abreuvé Dubrovnik pendant cinq siècles, par le don limpide de ses mascarons sculptés. Ici, une Thora du XIVe siècle dans une synagogue du XVe siècle. Là, arcades. Et la galerie du palais Sponza.
Sans oublier la cathédrale baroque à trois nefs, qui protège un polyptique de la Vierge du Titien, ni le Trésor, près de la cathédrale. Les reliquaires de Saint-Blaise, d'or et d'argent, et filigrane et en émaux. Os si célèbres que Shakespeare les utilisa dans *La Nuit des Rois*.

Double page précédente
À droite, les harmonieuses arcades du palais des Recteurs. À gauche, porte menant au temple Sainte-Marie.

Ci-dessus
Ravissante polychromie des tuiles usées et patinées.

Page de droite
Placa, l'axe principal de la vieille ville, reliant le port à la porte Pile.

Ci-dessus et ci-contre
Fête de la Saint-Blaise (saint patron de Dubrovnik) qui se déroule début février chaque année. Belle revue de costumes traditionnels. Procession accompagnant les reliques de saint Blaise, que les fidèles tenteront de toucher au passage. La ferveur populaire est immense.

Page de droite
Coiffe traditionnelle de la région du Konavle.

ACMT
CONGRATULATIONS GRADUATE
ČESTITAMO DIPLOMANTIMA
VIII 50

CAVTAT

L'un des plus jolis ports de pêcheurs de la Croatie, à l'extrémité méridionale du pays, à la limite des grandes failles géographiques de l'histoire et à portée de fusil de la Bosnie et de la Serbie-Monténégro, de l'orthodoxe et du musulman. Sur cette frontière, ce mur aussi terrible qu'invisible et qui laisse passer les nuages et les oiseaux mais où se sont fracassés l'Ottoman et ses armées.
Cavtat est aussi une ravissante station balnéaire. On dirait Cannes et sa croisette vue d'une lunette prise par le gros bout, la Belle Époque dans une vision sépia recolorée. Ce sont ses quais, ses ruelles et ses venelles en pente. Ses maisons de la Renaissance, dans le fer à cheval de deux presqu'îles. Et son front de mer, avec plus de bars et de restaurants qu'une rue de la Soif bretonne. Et sous ses palmiers, la plage et toutes les dates de l'histoire.
Car ici c'est et c'était l'histoire. C'était l'Épidaure des Grecs, une halte de l'Odyssée, un comptoir romain prospère, le siège même de l'évêque des premiers chrétiens avant d'être ravagée par les Slaves et les Avars. Cavtat est surtout la ville des ancêtres des Ragusains, de ceux qui fondèrent Raguse. Reconstruite et fortifiée au XVe siècle, elle devient la Capoue des grandes familles dalmates. Elle est capitale alors du Konavle et est administrée par un recteur.
Le tourisme au sens moderne du terme prend naissance quand Cavtat est sous la houlette de l'Autriche-Hongrie, juste avant l'épisode de 14-18. Et voilà, maintenant, voyageur, il faut faire un jour le tour du vieux Cavtat, grimper à flanc de colline, voir le Moyen Âge au milieu des cyprès et des fleurs, des treilles couvertes de toutes les flores grimpantes jusqu'aux tuiles des toits rouges. Et voir encore le mausolée de la famille Račić, en pierre de Brač, dans le cimetière, avec ses impressionnantes portes de bronze. Voir enfin dans le palais du Recteur l'étonnant tableau *Carnaval à Cavtat*, du grand Vlaho Bukovac.

Double page précédente
Magie des soirs d'été dans la vieille ville, une gestion privilégiée et paisible du temps, des couleurs, de l'atmosphère.

Page de droite
Côte rocheuse et sauvage du côté de Cavtat.

Double page suivante
Cavtat (prononcer « Tsavtat »), ultime cité avant le Monténégro. Le béton titiste a eu le bon goût de rester aux portes de la ville. Plongez donc avec délice dans une carte postale sépia des années trente, imprégnez-vous de l'amosphère chaleureuse, humaine, de ce port au charme intact.

LA SLAVONIE

Région la plus fertile de Croatie, véritable grenier à blé du pays. Également productrice des meilleurs vins blancs. Elle est un peu oubliée dans les circuits. De séduisantes villes d'art s'offrent, comme Osijek, Našice, Đakovo et, bientôt souhaitons-le, Vukovar la ville martyre.

ĐAKOVO

Ville prospère grâce au plus génial, le plus visionnaire des soixante-deux évêques qui durant près de huit cents ans régnèrent sur la ville. Un grand homme que ce Josip Strossmayer qui imprima profondément sa marque sur la région durant la deuxième moitié du XIXe siècle. Ardent militant de l'unité des Serbes et des Croates, ainsi que de celle des églises, fondateur de l'Académie des arts et des sciences, il posséda une influence politique considérable et sut développer avec succès l'économie régionale. Đakovo, aujourd'hui ville étape fort plaisante qui vaut le détour pour son impressionnante cathédrale et, surtout, le magnifique festival des Broderies début juillet… Orgie de costumes traditionnels chatoyants, chants et danses de toute la Slavonie et occasion de déguster les meilleures charcuteries du pays (ah, le savoureux *kulen*), arrosé du remarquable *mandićevac* (invention d'Antun Mandić, un autre évêque assez porté sur les vignes du Seigneur).

La cathédrale Saint-Pierre-Saint-Paul à Đakovo. Monumental édifice de style néo-roman en brique rouge, construit à la fin du XIXe siècle et témoignant de la prospérité de la ville. Elle nécessita sept millions de briques (et la construction d'une briqueterie à côté pour fournir !). Vision superbe sur le chevet et les vestiges des remparts médiévaux.

OSIJEK

Capitale de la Slavonie qui a définitivement pansé les plaies de la guerre et offre de multiples visages architecturaux. Dans la « ville haute », un festival des styles qui firent fureur dans la *Mittel Europa* à la fin du XIXe siècle, art nouveau, historiciste, Sécession, saupoudrés de réminiscences romano-byzantines, turques, d'éléments baroques, flanqués inévitablement de quelques « chefs-d'œuvre » de l'art stalino-titiste. Il ne faut en aucun cas manquer la galerie d'art, panorama exceptionnel de l'art contemporain croate, mis génialement en scène. Mais le *must*, c'est incontestablement *Tvrđa* (la citadelle), une petite cité fortifiée édifiée au XVIIIe siècle à côté de la ville haute et entièrement dans le style dominant de l'époque, le baroque, ce qui lui confère une remarquable homogénéité architecturale. La nuit, un charme inouï, l'impression d'évoluer dans un troublant décor de théâtre expressionniste. Il y a du Delvaux et du Chirico, là-dedans…

Page de gauche
Cellier de la région de Kutjevo, entre Našice et Požega. Kutjevo, grande terre viticole produit le célèbre graševina. Proche, le parc national de Papuk, est l'un des plus beaux paysages forestiers de la province.

Ci-dessus
Našice, paisible et sympathique petite bourgade agricole est la patrie de la comtesse Dora Pejačević, première femme compositeur de Croatie (1885-1923) dont le château (ci-dessus), édifié en 1811, regorge de souvenirs de la célèbre musicienne, dans une atmosphère tout à la fois désuète et émouvante. Ne point rater, à côté, l'église du monastère franciscain Saint-Antoine-de-Padoue, reconnaissable à son clocher à bulbe sur une belle robe jaune. Décor intérieur rare.

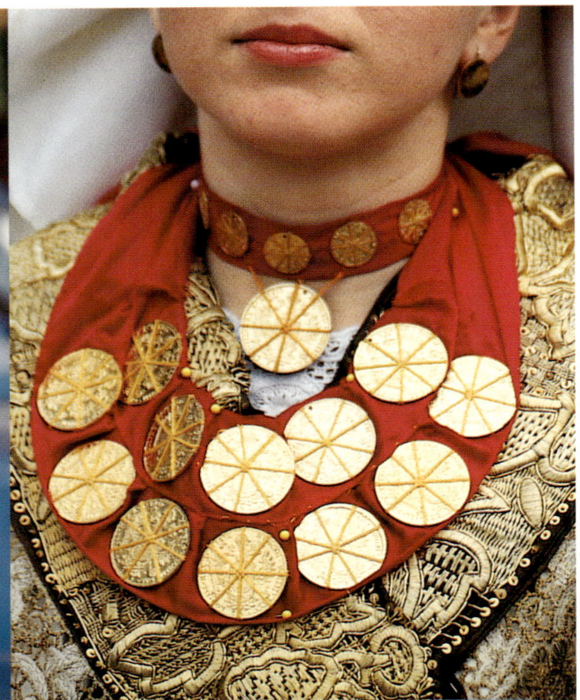

Traditions et coutumes encore bien ancrées dans les régions. La Croatie profonde ravira les amateurs d'images traditionnelles et de ruralité pure et dure. C'est en particulier à travers les fêtes de village, les pratiques religieuses que l'on peut en prendre la mesure.

Double page suivante
Dans Tvrđa, la vieille ville d'Osijek, la place Sainte-Trinité apparaît comme un décor. Avec sa colonne votive centrale (élevée pour détourner une épidémie de peste) et ses prestigieux palais du XVIIIe siècle.

HOC
PRO EGENE SECVRA
STAT INCLITA
VRBS ESSE
CVM VICINO
POPVLO

LA CROATIE EN UN CLIN D'ŒIL

Ancienne république yougoslave, la Croatie s'étend au sud de la Slovénie et de la Hongrie. Séparée de l'Italie par la mer Adriatique, elle est bordée également à l'est par la Bosnie-Herzégovine et la Serbie-Monténégro. Superficie totale : 56 530 km². Elle présente une drôle de forme, croissant étiré (ou bien tire-bouchon). Côte protégée par près de 1185 îles ou îlots sur 1750 km. Extraordinaire diversité de paysages et les eaux les plus pures du bassin méditerranéen.

Population : **4,44 millions d'habitants.**
Capitale : **Zagreb, 900 000 habitants.**
Président de la République : **Stjepan Mesić.**
Régime politique : **démocratie parlementaire.**
Langue officielle : **le croate**

LES FORMALITÉS

Papiers
Passeport en cours de validité ou carte nationale d'identité. Pas de visa pour les touristes français. Permis de conduire national, carte grise et carte verte d'assurance couvrant la Croatie (HR). Carte de crédit pour toute location de voiture.

Adresses utiles
Office national croate du tourisme (accueillant et compétent) : 48, av. Victor-Hugo, 751116 Paris. Tél : 01 45 00 99 55. Fax : 01 45 00 99 56. Site internet : www.ot-croatie.com ; e-mail : croatie.ot@wanadoo.fr ; autres sites internet : www.croatie.hr ; www.hr ; www.amb-croatie.fr ; www.hic.hr ; www.hina.hr (AFP croate).

LA BONNE PÉRIODE

Saisons les plus favorables
Meilleures périodes sur la côte et les îles, en mai-juin et septembre. En moyenne saison, logement sensiblement moins cher et conditions de voyage bien meilleures. En été, prévoir des balades à l'intérieur du pays.

Climat
Dans les terres, climat continental : hiver très froid et été fort chaud avec parfois de gros orages en soirée. Sur la côte et les îles, climat méditerranéen : été chaud et sec. On peut se baigner jusqu'en octobre.

Vêtements
Sur la côte, prévoir des vêtements légers, un pull-over pour certaines traversées en ferry et les soirs où souffle la bora.

LE VOYAGE

Agences de voyage
Les spécialistes : Transtours, 49, av. de l'Opéra, 75002 Paris. Tél : 0825 031 031. www. marsans.fr
Bemex, tél : 01 46 08 40 40. www.bemextours.com, tous types de séjour, transport, programmes sur mesure.
Croatie Tours, Tél : 01 46 67 39 10. www.croatie.com
Les généralistes : Nouvelles Frontières, 87, bd de Grenelle, 75015 Paris. Tél : 0825 000 825. www.nouvelles-frontières.fr ; Voyageurs en Europe, La Cité des voyageurs, 55, rue Sainte-Anne, 75002 Paris. Tél : 0 892 688 363. www.vdm.com

De la France à la Croatie
Par avion au départ de Paris, deux compagnies, Air France et Croatia Airlines desservent quotidiennement Zagreb. Air France, tél : 0820 820 820, www.airfrance.fr ; Croatia Airlines, 9, rue du Faubourg-Saint-Honoré, 75008 Paris. Tél : 01 42 65 30 01, www.croatiaairlines.hr ; Croatia Airlines assure également les correspondances pour Dubrovnik, Zadar, Pula et Split. En saison, deux vols hebdomadaires Paris-Dubrovnik et Paris-Split.
Par la route, deux itinéraires de Paris à Zagreb d'environ 1 400 km. Le premier passe par l'Allemagne, le deuxième par l'Italie. En train : un départ quotidien Paris-Zagreb depuis la gare de Lyon. Tél : 08 92 35 35 35.
En bus : moins cher que l'avion, plus long. Intercars : 139bis, rue de Vaugirard, 75015. Tél : 01 42 19 99 35. www.intercars.fr ; Départs de province également depuis Bordeaux, Toulouse, Marseille et Nice. Eurolines, tél : 0892 899 091. www.eurolines.fr ; présent à Paris et dans de nombreuses villes de province.
En bateau : depuis l'Italie avec SMC, www. smc-ferry.com ; compagnie croate de ferry : www.jadrolinija.hr

Transports intérieurs

La route : réseau routier bien développé et dans l'ensemble en bon état. Les Croates roulent de jour avec les phares allumés. Autoroutes en plein essor.
Le bus : particulièrement développé, sûr, fiable, ponctuel, confortable et bon marché.
L'avion : lignes pour Pula, Zadar, Split-Trogir, Rijeka, Osijek et Dubrovnik.
Le train : assez fréquent, sûr, bon marché et... lent. Lignes régulières entre les grandes villes.
Le ferry : les ferries, bacs et hydroglisseurs (pas de voitures sur ces derniers) assurent les liaisons avec les îles. En été, il est conseillé de prendre les ferries le plus tôt possible. Peu de liaisons inter îles et seulement en haute saison. Bien se renseigner avant.

L'ARGENT

Change

La monnaie nationale est la kuna (prononcer *kouna*), divisée en 100 *lipa*. Valeur : un euro vaut environ 7,50 Kn et une kuna 0,13 euro. Nombreux bureaux de change, appelés *Mjenjačnice,* proposant le même cours que les banques (mais ils ne prennent pas les cartes de crédit et les chèques de voyage). Les distributeurs de billets commencent à apparaître dans les grandes villes et stations balnéaires.

Budget

La vie n'est pas bon marché. Si les hôtels sont assez chers (de 50 à 80 euros en moyenne), les restaurants restent cependant très abordables (excellent repas pour 15-20 euros). Litre d'essence autour d'un euro.

LE LOGEMENT

Hôtellerie relativement développée, mais beaucoup d'établissements sont d'anciens hôtels d'État de la période titiste. En juillet-août, offre insuffisante : nécessité de réserver longtemps à l'avance dans les endroits les plus touristiques. Une petite pancarte « sobe » « zimmer frei » ou « room » indique les chambres à louer chez l'habitant (compter une trentaine d'euros). S'adresser aussi aux agences de voyage (surtout pour les chambres en ville). Pléthore de campings, sur la côte et dans les îles. Attention, certains se révèlent de véritables usines à touristes, beaucoup sont chers. Auberges de jeunesse uniquement à Zagreb, Zadar, Dubrovnik, Korčula, Pula, Punat et Krk.

Zagreb et Varaždin

Hôtel Central : Branimirova, 3. Tél : 48 41 122. En face de la gare, pas loin du centre. Atmosphère des anciens hôtels nationalisés. Correct et prix abordables pour la capitale. Hôtel Palace : Strossmayerov trg, 10. Tél : 48 14 611. À deux pas du centre, donne sur un parc. Hôtel Tourist : Aleja Kralja Zvonimira, 1, à Varaždin. Tél : 395 395. Sans charme, mais de bon confort.

L'Istrie

Pula : hôtel Scaletta, Flavijevska, 26. Tél : 541 599. Joli petit hôtel près des arènes. Chambres spacieuses. Poreč : hôtels Neptun et Jadran. Sur le port. Tél : 400 800. Moderne et confortable. Le Jadran est son annexe, correct, moins cher. Rovinj : Villa Lili, A. Mohorovića, 16. Tél : 840-940. Petit hôtel de charme, confortable, avec restaurant.

Le golfe du Kvarner

Rijeka : hôtel Kontinental, Šetalište A.K. Miošića. Tél : 372 008. Confort moyen, mais prix modérés et central. Opatija : hôtel Kvarner, P. Tomašić, 1. Tél : 271 233. Date de 1884, premier hôtel de luxe de la côte.

Les îles de Krk, Cres et Lošinj

Krk (ville) : hôtel Marina, Ružmarin, 6. Tél : 221 128. Au bout du port, grosse bâtisse sans caractère, mais centrale. Cres (ville) : hôtel Kimen, Melin. Au sud de la ville. Tél : 571 161. Chambres sobres avec balcons et accès à la mer. Mali Lošinj (ville) : hôtel Bellevue, Čikat. Tél : 231 222. Un peu excentré, splendide pinède, piscine.

Les îles de Rab et Pag

Rab (ville) : pansion Pio, Banjol, 37. Tél : 725 640. Grande demeure offrant, au milieu des oliviers, de belles chambres et appartements. Rab, Barbat : hôtel-restaurant Barbat. Tél : 721 858. Au cœur d'une gentille petite station balnéaire. Du charme à revendre et accès direct à la plage. Pag (ville) : hôtel Pagus, A. Starčevića, 1. Tél : 611 310. Très central, excellent confort, plage devant l'hôtel.

Les lacs de Plitvice

Trois hôtels dans le parc national. Le Bellevue, le moins cher, mais très correct (tél : 751 700), Le Plitvice : chambres pour tous budgets (tél : 751 100) et le Jezero (tél : 751 400), le plus luxueux mais le moins intime.

Zadar et son archipel
Zadar : pansion Albin, Put Dikla, 47. Tél : 331 137. Dans un quartier résidentiel. Style hispano-croate étonnant, jardin arboré et piscine. Excellent restaurant. Île de Dugi Otok : hôtel Sali, à Sali. Tél : 377 049. Perdu dans la végétation, domine une baie limpide. Bon confort. Dans les îles Kornati, possibilité de louer d'anciennes maisons de pêcheurs. Voir les agences de Murter.

Le nord de la côte dalmate
Šibenik : hôtel Jadran. Tél : 212 644. Moderne, impersonnel, mais situé au pied de la vieille ville, face à la mer. Trogir : hôtel Concordia. Tél : 885 400. Demeure de trois siècles, joliment décorée, atmosphère familiale, et bon confort. Split : hôtel Bellevue, Bana Josipa Jelačića, 2. Tél : 346 644. Belle façade néo-vénitienne, confort correct.

Les îles de Brač, Hvar, Korčula et Mljet
Brač : Villa Giardino, à Bol. Tél : 635 286. Proche du port, maison de charme dans un jardin luxuriant. Chambres joliment meublées. Hvar (ville) : hôtel Slavija. Tél : 741 820. Sur le port même, un certain caractère et des chambres lumineuses. Korčula : pension Marinka à Lumbarda. Tél : 712 007. Au milieu des citronniers et des vignes, chambres impeccables et appartements à louer au village. Délicieuse cuisine familiale. Mljet : hôtel Odisej, à Pomena. Tél : 744 385. Fort bien situé, moderne mais de taille raisonnable et bien équipé.

Dubrovnik
Hôtel Sumratin : Šetalište Kralja Zvonimira, 31. Tél : 436 333. Dans un agréable quartier résidentiel, à deux pas de la plage. Sympathique petit hôtel dans un jardin, au milieu de palmiers. Cadre banal, mais confort correct. Hôtel Kompas. Proche du Sumratin. Tél : 352 000. Bâtiment moderne accroché à la colline et petite plage en contrebas. Excellent confort.

LA CUISINE

Bonne synthèse des traditions culinaires austro-hongroises, ottomanes et méditerranéennes. Beaucoup de viandes, dont les délicieux agneaux ou porcelets entiers cuits à la broche. Dans le Nord et en Slavonie, goûter aux succulentes cochonnailles (dont le fameux *kulen*). L'Istrie et la Dalmatie sont réputées pour leur *pršut* (jambon fumé). Partout on trouve les *ćepavčići* (boulettes de viande hachée aux oignons) et les *burek* (feuilletés au fromage).

Zagreb et environs
Cantinetta : N.Teslina ulica, 14. Cadre élégant, murs décorés de dessins et savoureuse cuisine servie généreusement. Stara Vura : sous le musée de la ville, dans de superbes caves voûtées. Atmosphère chic et cuisine de grande réputation. Zlatna Guska à Varaždin. Dans un adorable petit palais Renaissance, goûter à l'oie façon maison (la spécialité locale) et aux beaux poissons de rivière.

L'Istrie
Pula : le Scaletta, réputé pour le poisson et ses prix raisonnables. La Villa Borghèse, plus chic, offre une cuisine raffinée. Poreč : sans hésiter, l'Istra, le meilleur restaurant de poisson et crustacés de la ville.

Le golfe du Kvarner
Rijeka : Zlatna Školjka. Fondé en 1930, atmosphère totalement marine et plats régionaux délicieux. Belle carte de vins. Volosko : dans ce petit village près d'Opatija, ne pas manquer le Bevandica, restaurant de charme avec terrasse sur la mer. Poisson frais et fort bien cuisiné.

Les îles de Krk, Cres et Lošinj
Krk (ville) : konoba Helena, pour sa situation privilégiée au cœur de la vieille ville. Cres (ville) : konoba Kopec, Osorka. Amosphère particulièrement chaleureuse et conviviale pour une goûteuse cuisine locale. Lošinj : à Mali Lošinj, le Veli Žal. Petits plats élaborés et par chers qu'on déguste face à l'une des plus belles baies de l'île.

Les îles de Rab et Pag
Rab (ville) : le Rio. Réputé pour ses poissons. Pag (ville) : Na Tale, le meilleur de l'île pour le poisson et ses excellentes viandes.

Les lacs de Plitvice
À l'entrée n°1, le Lička Kuka offre un agréable cadre pour de succulents plats régionaux, comme le *teletino pod pekom* (veau « cuit sous la cloche »), le *Đjuveč* (combinaison de légumes) et le *basa*, fromage du cru au fort caractère.

Zadar et son archipel
Zadar : le Fosa, au pied des remparts, un vénérable classique au décor suranné. Cuisine de qualité régulière,

poisson cuit parfaitement et découpé devant le client. Terrasse romantique aux beaux jours. Le restaurant Albin (voir « logement » plus haut). Dans les Kornati, sur l'île de Ravni Zakan, Maria et Valentino attirent tous les amoureux du poisson que le patron pêche lui-même.

Le nord de la côte dalmate
Šibenik : restoran Uzorita, Bana Josipa Jelačića, 50. Plus de cent ans que la même famille régale les habitants de son *brudet* (poisson à la dalmate) et de son *zec na dalmatinski način* (lièvre maison) à des prix ultra abordables. Brodarica : pansion-restoran Zlatna Ribica. En bord de plage, excellente auberge (quelques chambres à louer). Split : Nostromo, pour les fans de poisson frais, fort bien cuisiné (et servi généreusement).

Les îles de Brač, Hvar, Korčula et la presqu'île de Pelješac
Brač : Vinoteka, à Supetar. Proche du port, dans une ancienne cave à vin, large choix de poissons. Hvar (ville) : restaurant Hanibal, Sv. Stjepana trg, 12. Son fameux steak aux figues remplit la moitié de la salle, l'autre venant pour le décor « tendance » ! Korčula : Mate, à Pupnat (une dizaine de kilomètres de Korčula-ville). Un succulent repas à prix d'avant-guerre, uniquement à partir de produits maison. Presqu'île de Pelješac : à Orebić, la taverna Mlinica. Un ancien moulin à huile, charme et caractère. Cuisine traditionnelle, principalement les plats cuits « sous cloche ». Goûter surtout à l'agneau-pommes de terre, totalement exquis.

Dubrovnik et Cavtat
Dubrovnik (vieille ville) : le Domino, Od Domina, 6. Sur une gentille placette, savourez la meilleure viande de la ville. Agréable terrasse. Maestoso : Hvarska bb. Là aussi, sur une terrasse ombragée, une cuisine croate de la mer finement préparée et abondante. Cavtat : taverna Galija, à côté de l'église. Une carte de poissons et fruits de mer originale : nouilles vertes au saumon, crevettes au miel, sans oublier les bonnes viandes grillées.

La Slavonie
Osijek : taverna Slavonska Kuća, dans Tvrđa, la vieille ville. La meilleure cuisine de poisson blanc au sud du Danube, dans un chaleureux décor de taverne. Bijelo Plavi, à côté du stade. Très populaire auberge où l'on se rassasie de plats régionaux authentiques, comme le *slavonski vlak* (cinq espèces de viandes savoureuses).

LES FÊTES

Les plus importantes sont la fête nationale le 25 juin, celle de la résistance anti-fasciste le 22 juin, le jour du Souvenir national le 5 août et les grandes fêtes religieuses (l'Assomption, le lundi de Pâques, la Fête-Dieu, etc.). Dans les principales villes, les fêtes patronales comptent encore plus, comme la Saint-Blaise à Dubrovnik (début février) et la Saint-Michel à Šibenik (3e dimanche de septembre), processions et réjouissances auxquelles toute la ville participe dans la même ferveur.

RENSEIGNEMENTS COMPLÉMENTAIRES

Langues
L'anglais vient bien sûr en tête ; beaucoup parlent allemand, italien, quelques-uns français.

Sécurité
La Croatie se révèle un pays très sûr. Fort peu de vols et agressions. Prudence en voiture sur la route côtière en été, tronçons en corniche parfois très étroits. Le problème des mines est pratiquement en voie de résolution. Subsistent quelques poches, surtout en Slavonie orientale et dans les territoires occupés par les séparatistes serbes. Ces zones sont clairement délimitées par panneaux et rubans jaunes.

Santé
Aucune maladie grave à signaler et bon système sanitaire. Eau du robinet potable quasiment partout. Juste vérifier ses vaccinations traditionnelles : polio, tétanos, etc. (à renouveler tous les dix ans), comme pour n'importe quel autre pays. Le formulaire E111 n'a ici aucune valeur.

Électricité
220 volts partout.

Postes et télécommunications
Service public relativement bien assuré jusqu'aux plus petits villages. La poste assure également le téléphone, souvent le change et parfois les transferts d'argent à travers les Western Union.

Toutes les photographies publiées dans cet ouvrage sont de Jean-Denis Joubert de l'agence Hoa-Qui à l'exception de :

(abréviations : d : droit, g : gauche, m : milieu, b : bas, h : haut)
© René. Mattès / Explorer / Hoa-Qui : pp 10 g et m g, 53, 54 h, 103 b
© Nathalie Cuvelier / Hoa-Qui : p 23 b
© Thierry Perrin / Hoa-Qui : pp. 102, 103 h
© Pierre Josse : pp. 28 h et b, 29, 64 b, 77, 78 g, m, 79, 81, 83, 85, 86 b, 87, 88

Responsable éditoriale : Colette Véron
Responsable artistique : Sabine Houplain
Conception graphique : François Supiot
Réalisation et mise en pages : Pascale Comte
Lecture-correction : Blandine Houdart
Hélène Buntic
Cartographie : Cyril Süss
Fabrication : Nicole Thiériot-Pichon

Photogravure : Articrom
Imprimé en Italie par Officine Grafiche Novara
Dépôt légal : 49 805, septembre 2004
ISBN: 284277552X
34/1714/4-01